サッカー日本代表帯同ドクター

Doctor to the SAMURAI BLUE
Japan National Football Team

女性スポーツドクターの
パイオニアとしての軌跡

著 土肥美智子 Michiko Dohi
構成 いとうやまね Ito Yamane

時事通信社

序章

Prologue

アブダビの朝

眠たそうな顔が、三々五々集まってくる。

代表宿舎、食堂の入り口に置かれた長テーブルには、タブレット端末がいくつか置かれている。朝食前に、選手たちが各自「コンディション」を入力するのだ。いまや恒例となっている日本代表の朝の風景である。食堂に来た選手から順に入力を済ませ、食事会場に入っていく。私たちメディカルチームは、23人全員が入力を終えるのを見届ける。

問診項目は全部で10個ほど。メディカルチームとフィジカルコーチであらかじめ作っている。内容は「疲労の度合い」「睡眠の質」「食欲はあるか」「ケガの痛みはどうか」などで、1、2分もあれば入力できる。

入力は、選手が画面に表示された項目ごとの横10センチのライン上に自由にマーカーを配置する。

たとえば、睡眠の質ならば、左端に「悪い」、右端に「良い」と記載されている。前の晩によく眠れたなら右寄りに、眠れなかったら左寄りに、まあまあだと思えば、その中間のどこかに置くといった具合だ。どのくらい、というのはあくまでも自分の感覚である。他の項目も同じように自己診断する。

この評価方法はVAS（visual analogue scale）と呼び、医療分野ではごく一般的だ。自覚に基づく値、すなわち「主観的評価」がひと目でわかるスケールであり、これが非常に有用なのだ。なぜなら、疲労や痛みの程度は、個人個人で「感じ方」が違うからである。

ほかにも、体重、心拍数、就寝時刻と起床時刻、夜中に起きた回数、といった項目もある。これらには数値を入れる。

毎日ではないが、血液や尿、唾液などの生化学的な検査データもとる。3日に一度程度、選手によってはさらに回数を増やすこともある。ケースバイケースだ。

これらVASによる主観的評価と、体重、心拍数、生化学データなどの「客観的な数値」は、メディカルチーム内で共有される。また、データは随時蓄積され、その分析結果は、選手一人ひとりのコンディションを知るうえで重要な指標になってくる。

現在のスポーツでは、このような医科学的データが多くの場面で活用されている。かといって、数字に踊らされることがないようにしないといけない。検査数値が多少上下に振れたとしても、それが問題であるか否かは、他の要因や個人の体質を総合的に見て判断する必要がある。

ドクターは数字の一点だけを見ているわけではない。

大会期間中、あるいは遠征先での帯同ドクターは、常に選手たちを注意深く観察している。

私たちは、いわばチームにとっての「コンディションの番人」である。

サッカー日本代表「メディカルチーム」

サッカー日本代表メディカルチームの編成は、大会の規模や予算によって多少人数のばらつきはあるが、たとえば、先のロシアワールドカップでは次のとおりであった。人数は6人で、全員が日本サッカー協会（JFA）のスポーツ医学委員会で決定される。

遠征に帯同するスポーツドクターは2人。「外科系担当」と「内科系担当」というセットである。

外科系担当のドクターは通常、整形外科医で、最前線で選手たちのケガに対応する。試合時にはベンチに入り、試合外の帯同中は選手の診察と治療、リハビリテーションの計画を立てる。

また、治療内容によっては、選手が所属するクラブチームとの折衝が必要になることもある。

私自身は、内科系担当のドクターとして帯同している。放射線診断学の専門医資格を有し、臨床の現場では画像診断を数多く経験してきた。スポーツドクターとしては、内科的な診療、コンディションのチェックはもちろんのこと、選手がケガをした際は、専門的知見から意見やアドバイスを出すこともある。

そして、私たちドクターとともに医療の側から選手たちのパフォーマンスを支えているのが、「アスレティックトレーナー」だ。全部で4人いて、ケガや傷害の救急処置、リハビリテーション、コンディショニングなどを担当する。全員が日本スポーツ協会の公認アスレティックトレーナーで、鍼灸《しんきゅう》・あん摩マッサージ指圧師の国家資格を持つスペシャリストたちだ。

メディカルチームの仕事は多岐にわたる。特にチームドクターは、大会の何カ月も前から準備が始まり、終わった後もさらに続く。常に監督やスタッフとの連携が求められ、個々の選手との信頼関係のもとに仕事を進めていく。

本書では、日本代表チームドクターの一人として、わたくし土肥美智子が、帯同ドクターの仕事や現場での日常を紹介する。多様なコンディショニングや治療の進め方。内科的な観点では、パフォーマンスに最も影響する感染症やアスリートのぜんそくについて。さらに暑熱対策、脳震盪《のうしんとう》、女性アスリートへのケア、ドーピング検査などにも触れる。

ロシアワールドカップの章では、大会期間中のさまざまなエピソードや、代表スタッフの奮闘も振り返る。この大会から国際サッカー連盟（ＦＩＦＡ）が導入した、メディカル・ビデオ・アナライシスや脳震盪の3分間ルールについてもお話ししたい。

また、これから医療の分野に進もうと考えている人たちのために、私の歩んできた道筋も書いている。何かの参考にしてもらえればと思う。

すでにご存じの方も少なくないが、私の夫はＪＦＡ会長の田嶋幸三であり、子どもたちは2人ともサッカーをしている。そんな家族についても少しだけ触れた。

そして、現在進行中の「ＪＦＡ夢フィールド」への思い、ユース年代への考えなども記している。

やや難しいきらいのある医療の話も入るが、できるかぎりわかりやすく紹介できればと思う。もちろん、お伝えできる範囲内ということで、そこはご了承願いたい。

二〇一九年（令和元年）五月

ＦＩＦＡワールドカップ２０１８ロシア アジア予選
ＦＩＦＡワールドカップ２０１８ロシア
ＡＦＣアジアカップ２０１９ＵＡＥ
サッカー日本代表チームドクター　土肥美智子

朝食前にタブレット端末に体調を入力(ロシアワールドカップのとき、中村選手)

目次

第2章　「帯同ドクター」という仕事

第5章 ロシアワールドカップの記憶……131

第6章 日本サッカーの未来

第1章

「森保JAPAN」始動

Doctor to
the SAMURAI BLUE
Japan National Football Team

Chapter 1

アジアカップUAE

新年1月9日の初戦、トルクメニスタン戦から始まった私たち日本代表チームの「AFCアジアカップUAE 2019」は、2月1日の決勝カタール戦をもって、1カ月近くにわたった戦いを終了した。

首都アブダビからスタートし、オマーンとの国境アル・アイン、シャールジャ、UAE第2の都市ドバイ、再びアル・アイン、そして決勝の地アブダビに戻ってきた。

日本代表のスタッフは、半年前のロシアワールドカップでひと区切りし、コーチ陣やメディカルチームも新しい編成になった。

大会に先立って、森保一監督はこう話されていた。

「今日の勝利は、過去の先輩たちが築いてきたものの上にある。きちんと継承し、僕たちも次の世代につながるような形にしなければならない。それはコーチングだけではなくて、メディカルもそういうふうに思ってください」

私たちメディカルチームも、今後どういう方向性、姿勢でやっていくかについて、前もってミーティングをしていた。基本的なスタンスは変わらないが、続けていくべきところ、必要のないところを明確にして大会に臨んだ。

大会結果は準優勝。アジアでの覇権を取り戻すことはできなかった。

出発前の時差調整

アジアカップ開催国であるアラブ首長国連邦（UAE）と日本との時差は5時間。選手たちには、出発の2、3日前から、1時間ほどの夜更かしと朝寝坊をしてもらった。

出発当日は夜の19時にホテル集合で、そこで一度食事をとる。それが現地時間でいう「遅い昼食」にあたる。食べる量は本人たちに任せている。

22時、いよいよ飛行機に乗り込む。そこで、私は選手たちにひとこと注意する。

「最初の機内食を向こうでの夕食と思って、たくさんじゃなくていいから口にしましょう。寝るのはそれからにしてください」

なかには眠くてしかたのない選手も見受けられるが、そこは頑張って起きていてもらう。

生物は生まれつき「体内時計」を備えている。体内時計は、毎朝光を浴びることでリセットされ、1日周期のリズムを刻んでいる。時差ボケは、その体内時計が目的地の昼夜サイクルから外れることで起こる。そのため、食事や眠る時間をなるべく早く現地時間に合わせることが望ましい。

ヒトの脳には松果体《しょうかたい》という器官があり、「メラトニン」というホルモンが分泌《ぶんぴつ》されている。このホルモンは、体内時計からの指令で、朝は分泌量が減少する。そこから14~16時間後（夜）に、今度は分泌量が増加する。メラトニンの増加は、脈拍、体温、血圧などを低下させ、睡眠を誘うのだ。夜間に強い照明の下にいたり、テレビやパソコン、スマートフォンの画面を見たりしていると、体内時計が勝手に日中だと誤解し、ホルモンの分泌を抑えてしまう。眠れなくなる理由の一つは、これである。

飛行機の「西回り」と「東回り」について、日本からヨーロッパ方面に向かう西回りの場合、時間をプラスするため1日の時間が長くなる。逆に、ヨーロッパ方面から日本へ向かう東回りは、時間を失うため1日の時間が短くなる。このため、西回りのほうが体内時計のリズムを調節しやすい。

UAEには西回りで向かうため、時差調整にそれほど問題はなく、不調を訴える選手もいなかった。

体調不良による便変更

出発直前になって体調不良に見舞われることがある。

今回のアジアカップでは、遠藤航選手が出発日の朝に発熱した。本人から「熱が39℃ある」との連絡があり、すぐに診察に出向いた。インフルエンザの検査では陰性で、おそらく風邪と思われたが、万が一のことを考え、その場で判断を下すことになった。

「インフルエンザの可能性もゼロではないので、出発日を変更します」

私は、他の選手と同じ便での移動は、やはり感染のリスクがあると判断した。また、渡航による疲労で体調をさらに悪化させることを心配した。監督と技術委員長には状況を説明し、遠藤選手の様子を見て、2日後の便でUAEに向かわせることに決定した。

こういったケースで、チームドクターの判断に対し、監督や技術委員長から「ノー」と言われることは幸いにもない。私たちも、十分理解していただける説明を心掛けている。

今回、たまたまテクニカルスタッフの一人が遅れて現地入りすることになっていたので、遠藤選手にも同じ便を手配した。誰もいない場合は、選手一人で来てもらうことになる。

砂嵐とアレルギー

UAEに来るのは、これで3度目になる。

アラビア半島のペルシア湾に面した7つの首長国からなる連邦国家で、現地アラビア語では、「首長国」を意味する「イマーラート」と呼ばれる。砂漠のオアシスに作られた町は近代的で、奇抜な超高層ビルが立ち並び、そこに点在するモスクは息をのむほど美しい。時折、甘い沈香《じんこう》が漂ってくる。

UAEをはじめとするペルシア湾岸地域は、大会の開催されたこの時期、「シャマール」と呼ばれる砂嵐の季節になる。地域一帯に砂塵《さじん》を伴った強い北西風が吹く。アブダビやドバイではそれほど感じなかったが、アル・アインとシャールジャでは景色が少し霞《かす》んで見えた。「のどがいがらっぽい」と訴える選手もいて、私はうがいやマスク着用を指示した。もし症状がひどい場合には、抗アレルギー薬を処方する。

アレルギーは、免疫《めんえき》反応のエラーである。通常、私たちの体はウイルスや細菌などを排除するために、それらに対抗する物質（抗体）を作り、特定の細胞（免疫細胞）が体を守るために有害な異物とたたかう。その仕組みを「免疫」と呼ぶ。ところが、免疫細胞は、ときに体内の正常な組織や細胞に対しても過剰反応し、攻撃を仕掛けてしまうことがある。それによって引き起こされる体の異常（症状）がアレルギーである。

アレルギーはどこに行っても起こるので、常に薬の準備はしている。今回のような砂埃《すなぼこり》でも、大気汚染や中国から飛んでくる黄砂でも起こる。芝花粉で鼻水が止まらないこともある。西アジアでは、乾燥が症状を助長させるので注意している。

医学委員のコネクション

大会期間中には選手がケガをすることもある。また、大会直前にクラブチームでケガをして、そのまま来る選手もいる。このような場合には、現地の病院でＭＲＩ（磁気共鳴画像法）やＣＴ（コンピューター断層撮影）を使った検査を行う。

アジアでは、どこへ行ってもたいてい知り合いのドクターがいる。アジアサッカー連盟（ＡＦＣ）の医学委員をしている関係で、そのあたりのコネクションは万全だ。

また、大きな都市になると、「FIFA Medical Center of Excellence」という、ＦＩＦＡが認定

しているメディカルセンターがある。私はＦＩＦＡの医学委員もしているので、そこにも知り合いが多い。私の強みでもある。

「大会期間中にケガ人が出たときは、ＭＲＩとＣＴを使用させてほしい」

私は遠征前には必ず現地の知り合いのドクターにコンタクトを取り、スムーズに医療機器を使わせてもらえるよう手配をしている。

これは、日本代表チームがアウェーに行くときだけの話ではなく、たとえばお世話になった国の代表チームが日本に来る場合、今度はこちらがいろいろ融通をきかせる。いわゆる、ギブ＆テイクだ。


選手が負傷した場合、病院にはたいてい私が付き添う。その場合、一般的な診察はなしで、検査室に直行し患部の画像のみを撮っている。

ＭＲＩやＣＴは私の専門分野なので、すぐに操作室にも入れてもらい、膝や足首など負傷部位の画像を「こういう角度で撮ってください」とお願いする。どういう設定で撮影するのかも、私がその場で検査技師にオーダーできるので、検査は無駄なく最短で完了する。

画像はすべてＣＤに落としてもらうが、いくつかの重要な画像はモニター画面を手持ちのスマートフォンで、ホテルや練習場に残っている外科担当のドクターにメールで送る。もちろん、後でCDの全画像をじっくり見てもらうが、すぐに判断のつく負傷もあるので、その場で送るようにしている。

「画像や症状からいって、大会期間中に復帰できそうもない」

チームドクターにより、そのような診断に至った場合、残念ながら対象の選手は「離脱」になる。

たとえば、大会前のキャンプ中に出場不可能となった場合、ドクターの診断書を提出するという条件で、大会が始まる24時間前までは登録選手の交換ができる。早く知らせる必要性には、そのような理由もある。

余談だが、病院代はどうなっているのか?

JFAは、選手全員分の保険に入っているので心配はない。ただし、その場での支払いが必要になる。その場合、スタッフや私が立て替えることもある。

ちなみに、UAEでCTを撮ると、日本円にして4万円、MRIは6万円くらいかかる。複数の選手を連れて行った場合、かなりの金額がクレジットカードから落ちることもある。

イスラム圏での帯同

いざやサラートへ来たれ
いざや成功（救済）のために来たれ
アッラーは偉大なり
アッラーのほかに神はなし

イスラム教国のUAEでは、1日5回のアザーンが町に響きわたる。

アザーンとは、礼拝（サラート）への呼びかけである。夜明け・正午・午後・夕方・夜と、近くのモスクからスピーカーを通して独特な詠唱が流れてくる。試合中にTVを通して気がつかれた人もいるのではないだろうか。

アブダビ（UAEの首都）のような大都市になると、あらゆる方角から聞こえるアザーンが混ざり合って、荘厳な雰囲気を作り上げる。なかには、アザーンを聞きなれないために、早朝に驚いて起きてしまう選手もいるかもしれない。

イスラム圏では、チームに帯同する女性の着衣や行動に制限が設けられることがある。現地を訪れる女性ファンにとっても注意が必要なところだ。その国の宗教的な決まりごとは、基本リスペクトしなければならない。

戒律《かいりつ》は国によってさまざまである。イスラム教信者は全世界に15億人以上で、イスラム教徒が多数派を占める国は50カ国以上にものぼる。アジアカップ出場24カ国のうち、15カ国がイスラム教の国であることに、今さらながら驚く。その中には、女性が身内以外の男性と話しているだけで問題になる国もある。そうかと思えば、異教徒との結婚にも制限を持たない国もある。イスラム圏と、ひとくくりにできない。

女性が髪を隠す「ヒジャブ」と呼ばれるスカーフがある。こちらも着用に厳しい国と、特に必要のない国がある。アジアの中では、ここUAEや次のワールドカップ開催国であるカタールは、比較的おおらかな対応をとっている。

さすがにショートパンツ、サンダル履きというわけにはいかないが、服装は基本自由で、髪を出しても注意を受けることはない。練習場やスタジアムにもふつうに入ることができる。

女性であることのネック

ワールドカップのアジア予選で訪れることの多いイランの場合、空港に降り立つとすぐに入国審査がある。私もほかの女性たちと同じように、前もってスカーフを巻くのだが、女性職員が目を光らせていて、スカーフを頭にかけていないとたちまち注意される。

遠征での宿泊ホテルには、たいてい日本代表の専用フロアがある。そこではスカーフを着用する必要はない。ただし、現地のコーディネーターには、前もってこのような注意を受ける。

「ロビーを横切るときには、頭にスカーフを巻くようにしてください」

ほかの人に見える場所は、たとえホテルの中でもパブリックなのだ。

試合当日にこんなこともあった。私があらかじめ了承を得ていたベンチ裏のテクニカルシートに行くと、すぐに会場のセキュリティがやってきて、「座るな」と移動を促された。そして連れて行かれたのは、「女性専用エリア」である。会場側が、この日のために特別割り当てたという。

「美智子先生！　美智子先生！」

顔見知りの日本人女性記者が、離れたところから声をかけてくれた。彼女もまた、同じ理由での特別席に移動させられたようだ。この日は、2人とも本来の仕事場からはずいぶんと離れた位置で、日本代表の戦況を見守ることになった。

サウジアラビアは、イランよりもさらに戒律が厳しいという話だった。

そこで、到着時には「アバヤ」と呼ばれる黒いワンピースをあらかじめ準備して臨んだ。丈は足首まである。JFAのスタッフが買ってきてくれたもので、いっしょに黒いスカーフも用意しておいた。

ところが、意外にも「スカーフはしなくていい」という。結局、本番の試合ではアバヤもスカーフも使わなかった。上下長いジャージとキャップだけで、ふつうにテクニカルシートに座ることも許された。イランでの試合とは違って、ここではメディカルの仕事に一切の支障はなかった。

戒律の厳しさは、社会情勢ですぐに変わってしまう。

2022年には、イスラム圏初のワールドカップがカタールで開催される。それこそ、行ってみないとわからない。

練習前に槙野選手や塩谷選手と話す著者＝アラブ首長国連邦・アルアイン（写真／時事）

第2章

「帯同ドクター」という仕事

Doctor to
the SAMURAI BLUE
Japan National Football Team

Chapter 2

帯同実績と白羽の矢

私がサッカー日本代表のチームドクターになった経緯であるが、その前に帯同ドクターとしての経歴をいくつか挙げてみる。

サッカーに限った話でいうと、1994年の「ダラスカップ」が、チームドクターとしての初帯同だった。ダラスカップとは、毎年アメリカのテキサス州で行われる、U12~19までの国際大会である。私が帯同したのは小野伸二、稲本潤一、高原直泰といった、のちに「ゴールデンエイジ」と呼ばれる面々が中学生の頃で、25年も前のことだ。

2006年に国立スポーツ科学センター（JISS）の職員になってからは、日本オリンピック委員会（JOC）の派遣で、数多くの国際大会に出向いている。2008年北京五輪、2012年ロンドン五輪、2016年リオ五輪。アジア大会やユニバーシアードにも、日本選手団のチームドクターとして10大会帯同している。

なでしこジャパンへの帯同の話がきたのは、2012年ロンドン五輪のとき。その後、2015年の「女子ワールドカップ・カナダ大会」にも帯同している。以前から国際サッカー連盟（FIFA）とアジアサッカー連盟（AFC）で、女子大会におけるメディカルオフィサーと医学委員をしていたことから、日本サッカー協会（JFA）に打診された。

日本代表に帯同するチームドクターは、経験や実績で選ばれる。「日本スポーツ協会公認スポーツドクター」の資格を持っていることが条件で、所属先に指定はない。大学病院や国公立病院、私が所属するJISSのようなスポーツ医学の研究機関の場合もある。

サイクルは、ワールドカップまでの4年間。アスレティックトレーナーを含むメディカルチームは固定である。ユースの場合は大会が2年ごとなので、メディカルチームも2年間がワンサイクルになる。

ロシアワールドカップに向けた男子日本代表のチームドクターについては、2016年の3月に問い合わせがあった。当時の代表監督である、ヴァヒド・ハリルホジッチ氏からの要望があったからである。

「チームドクターを常時2人態勢にしたい」

「そのうちの一人は内科医で、サッカーでの帯同経験のあるスポーツドクターがいい」

ハリルホジッチ監督は、JFAにそう希望を出していた。

同様のリクエストは、アルベルト・ザッケローニ前監督のときにもあって、2014年のブラジルワールドカップでは、内科担当のスポーツドクターが加わっている。

ハリルホジッチ監督は、私がFIFAやAFCで仕事をしていることや、内科医としてJISSに勤めていることも知っていた。それで、ピンポイントで指名してくれたらしい。

私がフランス語が話せるというのも、少しはあったかもしれない。最終的には、JFAの医学委員会の会議で選出された。

他のメディカルチームのメンバーとは、医学委員会や、年に2度行われるJFA主催の「サッカードクターセミナー」で交流があった。正式に加わったのは、最終予選に入る同年5月からである。

私が日本代表のチームドクターになった当初、夫がJFAの会長であることで、身内重用など、さまざまな意見が報道を賑わせていた。

こちらとしては、プロフェッショナルであり専門とする分野も違う。もちろん、プロフェッショナルとして選手のことを夫に話すことはない。いずれにしても、私がチームドクターであることでチーム内で問題になったり、選手からクレームがついたりしたことは一度もなかったので、退く理由も見つからなかった。

半年前から始まる大会準備

ワールドカップの出場国は、本大会までに多くの準備が必要だ。たとえば、ベースキャンプの選定などは、出場が決まるずっと前からアタリをつけている。

ワールドカップの前年に開催国で行われる「コンフェデレーションズカップ」は、実質上、ワールドカップの予行演習であり、現地視察の最前線だ。各大陸王者によって競われる国際大会で、翌年のワールドカップに導入される新しいテクノロジーも試運転される。

ロシアで行われた「コンフェデレーションズカップ2017」は、アジア大会で優勝を逃した日本代表には出場権がなかった。そこで、FIFAの医学委員であることを活用し、私は大会メディカルオフィサーとして参加することにした。ワールドカップに向けての人脈づくりや、情報収集が必要と考えたからである。

残念ながら、ロシア大会を最後にコンフェデレーションズカップ自体が廃止になってしまう。次回からは違ったかたちで情報を得ることになりそうだ。

本大会を半年後に控え、出場国の組み合わせが決まると、いよいよ準備も本格的になってくる。まずは現地情報のチェックだ。

ベースキャンプや使用スタジアムのメディカルルーム、選手たちのケアを行うベッドや、その他もろもろの施設、試合前日に宿泊するホテルの間取りも調べる。ホテルの場合、客室をメディカルルームとして使うこともある。

FIFAからは、現地の「提携病院リスト」が送られてくる。選手が深刻なケガや病気になったときに、優先的に診てもらうことができる。もっとも、私たち日本代表のメディカルチームは、極力、病院には行かないで済む態勢で本番に臨んでいる。

MRIやCTといった大掛かりな検査装置が必要なケースはしかたないが、超音波診断装置（エコー）などは日本から持ち込む。優先とはいえ、手続きなどでまる一日つぶれてしまうことも多いためだ。

アスレティックトレーナーは、ケア用の折り畳みベッドも持参する。提供されるベッドの使い勝手がよくない場合に備えてである。ロシアではほとんど使わずに持ち帰ったが、アジア予選では度々あるという。

私は経験したことがないが、「スタジアムのケア室にベッドがなかった」という話もある。

スーツケースの中身

現地に持参するチームドクターのスーツケースは、全部で4つ。中身が同じものを2セット作る。なぜかというと、2つはベースキャンプに置いたままで、もう2つを移動先に持って行くからだ。いちいち開けたり畳んだりするのが大変なのでそうしている。移動先でもまったく同じセットで診療ができるので合理的だ。

スーツケースを開けると、医薬品と、手袋、マスク、包帯、ガーゼといった衛生用品、アンプル、注射針、インフルエンザの検査キット、ギプスや湿布、血圧計などが、ぎっしりと詰まっている。薬は抗生物質や鎮痛薬、整腸剤など、種類別にプラスチック製の容器に入れてある。ふたには薬品名を明記し、現場で荷をほどいたら、そのまま棚に置けるようにしてある。

JFAでは、遠征先に持って行く「医薬品リスト」をあらかじめ作っている。それに、必要に応じてプラスアルファしている。たとえば、地域的に下痢の症状が多くなりそうだと判断すれば、お腹の薬を多めに用意する。また、冬の時期にあたれば、抗インフルエンザ薬を余分に足したりもする。

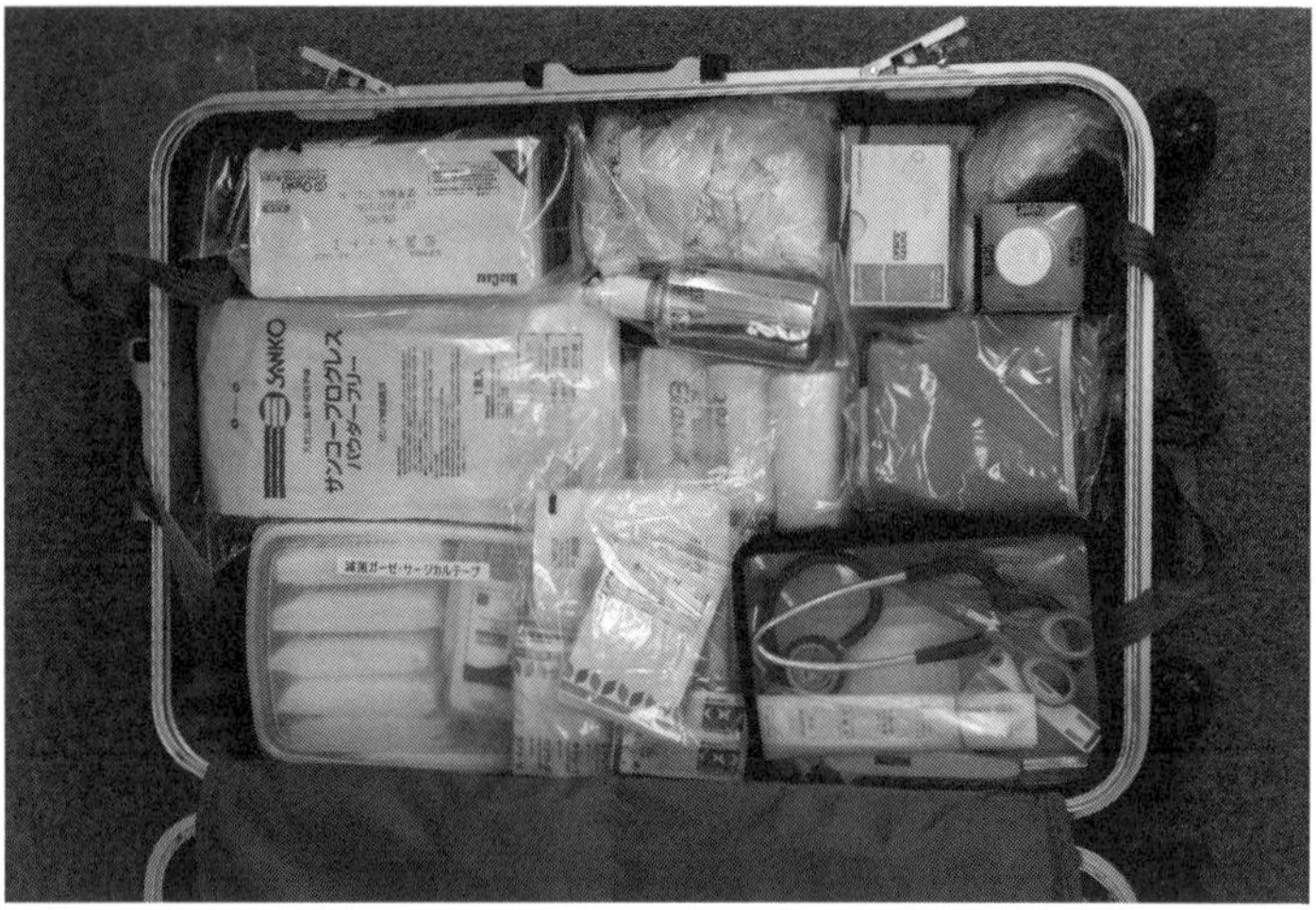

遠征に持って行くスーツケースの中身

超音波診断装置はポータブル仕様のコンパクトなものを持って行く。

ＡＥＤ（自動体外式除細動器）は、スタジアムや練習場、ホテルにもあるが、リスクマネジメントとして自分たちで用意している。心臓発作は、いつどこで起こるかわからない。

加えて、当地のＡＥＤは音声ガイドが外国語だ。扱い方はさほど難しくはないものの、万が一、選手が施術することになれば、緊急時にはやはり日本語がいいだろう。

ちなみに、日本代表のスタッフは、「スポーツ救命ライセンス」の取得が必須だ。なので、全員がＡＥＤの使い方を習得している。

私たちドクターの荷物はこの程度だが、アスレティックトレーナーの荷物はさらに多い。

テーピングや鍼灸《しんきゅう》のはりなど、チームが決勝まで行くことを想定した量を用意する。さらに、高周波温熱機器やアイシングマシンなどの治療機器も加わり、いくつものトランクや段ボールが積み重なっていく。

荷物はメディカルチームだけでも、大きな台車で4台分くらいになる。

持ち込めない医薬品

大会現地に持ち込む医薬品は、主催団体に前もって申請しなければならない。FIFAの大会ならFIFAに、AFCの大会ならAFCというように——ものによっては、開催国に持ち込めない薬もある。

また、ドーピング禁止物質自体の持ち込みを禁じている国もある。特定の病気で使用する場合もしかりで、そのようなときは代替え薬を考えなければならない。かなりまれなケースではあるが、ゼロではない。

たとえば、日本でもケタミン塩酸塩といった麻酔薬など、国内への持ち込みを許可していないものがある。2020年の「東京オリンピック・パラリンピック」に向けて話し合われる課題の一つである。

「メディカルチェック」はどこでやる?

ＦＩＦＡやＡＦＣ主催の大会では、事前に「ＰＣＭＡレポート」という書類を提出する。Pre-Competition Medical Assessmentの頭文字で、そのまま「試合前のメディカルチェック」を意味する。

サッカーファンならよく耳にするメディカルチェックには、大きく分けて3つある。

一つ目は、選手が「クラブチームに入団するときに受ける検査」。二つ目は、年に一度、シーズンオフに行われる「定期健康診断」。

そしてもう一つが、ワールドカップなどの大会前に行われるメディカルチェック、「ＰＣＭＡ」だ。

ＰＣＭＡには、内科（疾患）と外科（傷害）に分かれて、いくつものチェック項目がある。はじめに自記式と医師による問診があり、続いて検査になる。たとえば、尿や血液を採取して、臓器の機能や健康状態を調べたりする。

近年、「心臓」の機能チェックが厳重になった。これは、2003年のコンフェデレーションズカップで、カメルーン代表のマルク＝ヴィヴィアン・フォエ選手が、試合中のピッチ上で心臓突然死したことがきっかけになっている。

「同じ悲劇を絶対に繰り返してはならない」

そのような思いから、心電図や心臓超音波による、徹底した検査を求めるようになったのだ。


ところで、日本代表のメディカルチェックは、いつどこで行われるのか？

これは、選手が一堂に会して実施するわけではない。たとえば、ロシアワールドカップのときは、このようになっている。

Jリーグ所属の選手たちは、シーズン前の1月あたりに、すでに各クラブでメディカルチェックを行っている。この場合、半年以内の結果なので、それを大会前チェックとして活用した。

海外組に関しては、代表メンバーに選出されてからの検査になる。そこで、外部のドクターの協力を得ながら、千葉合宿中に一部宿泊ホテルで行い、その結果をＦＩＦＡに提出した。

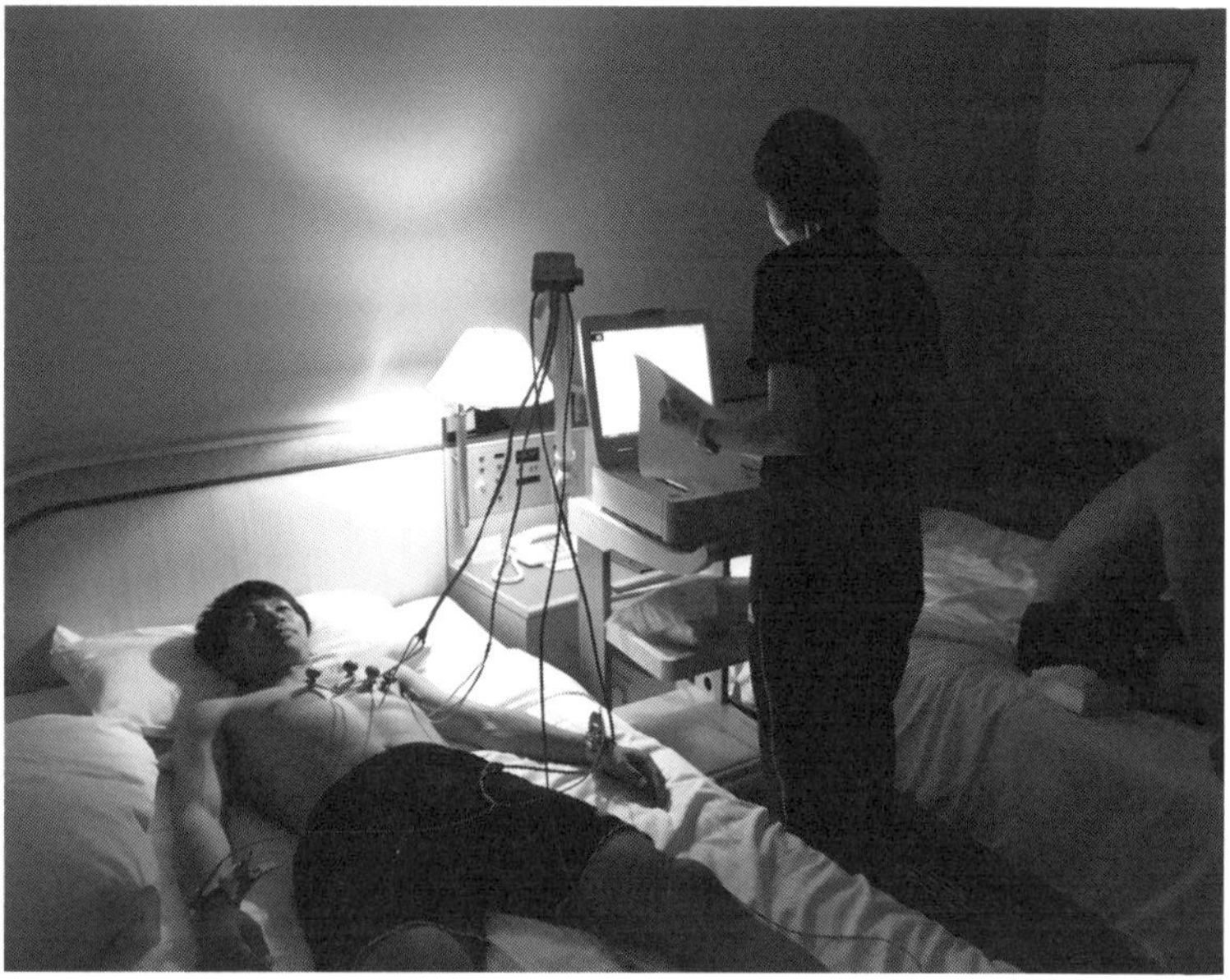

心電図検査の様子。左から、柴崎選手、著者

治療の受け渡しとメディカルミーティング

大会前の合宿や大会中にケガ人が出た場合、まずは、外科担当のチームドクターの診察からスタートする。

トレーニングに参加できる程度の打撲や捻挫であれば、基本的なケアを行い、そのままフィジカルコーチに任せる。フィジカルコーチは、各選手の身体能力に合わせたトレーニングを組み立てていくのが主な仕事だ。無理のないメニューのなかで、徐々に選手に調子を戻させていく。

次は、ケガの状態が思いのほかよくない場合。

トレーニングに参加できないくらいのケガを負ってしまったときは、チームドクターの診断に従い、アスレティックトレーナーが治療を始める。マッサージや超音波治療、高周波温熱機器を用いた温熱療法など、施術方法はさまざまだ。

ケガの具合がこの段階より良ければ、いわゆる別メニューが適用される。

屋外でのトレーニングが無理であれば、アスレティックトレーナーの治療を受けながら、室内だけの練習になる。たとえば自転車を使ったものであったり、上半身を鍛えたり。

ピッチに出られるほどに回復すれば、コンディショニングコーチが担当する。コンディショニングコーチは、選手がパフォーマンスを最大限に発揮できるよう指導する。筋力や心肺機能のアップ、食事や休息の取り方なども見ている。

ここまでくれば、間もなく他の選手たちとの合流になる。

代表合宿や大会中は、毎日「メディカルミーティング」が行われる。

夕食後の治療がすべて終わった後に、私たちメディカルチームとフィジカルコーチ、コンディショニングコーチが、ケガ人を中心に、選手たちの状態を一つひとつ確認するのだ。治療画像や検査数値を参考に、それぞれの意見を出し合い、翌日のトレーニングメニューを調整していく。

一連の治療とトレーニングのなかで、医学的な症状から、「足を曲げる範囲」や「トレーニングでの動き」などを制限するのはドクターの役割だ。この指示が、メディカルチームとコーチ陣の連携のなかでおろそかになると、選手のケガを悪化させることになってしまう。

「この後はフィジカルコーチが練習を見ましょう」

「別メニューの選手は、アスレティックトレーナーのほうでお願いします」

前述した分担も、個別に確認する。

メディカルミーティングは、夜中の0時を回ることもしばしばある。

監督とテクニカルスタッフには、翌朝の食事の後にすべて説明する。どのトレーニングをどれだけやらせるか、誰を休ませるか。それらは、すべて監督の判断にゆだねられる。

選手とドクターの良好な関係

「ケガや病気＝これっきり代表に呼ばれなくなる」

なかには、そう考える選手もいる。

「チームドクターが監督に、何か決定的なことを言ってしまうのではないだろうか」

大きな不安に苛《さいな》まれるのは想像に難くない。ケガや病気の状態が思わしくなくても、私たちドクターに「大丈夫」と答えることも考えられる。リスクを覚悟のうえで臨んでくる選手もいるはずだ。

これは非常にデリケートな問題で、私たちドクターと選手との間に信頼関係をどれだけ築けるかにかかってくる。

メディカルチームは、代表監督と常に選手の状態について情報を共有している。そして、とても重要なことであるが、選手本人には現在どういう状態にあるのかを正確に伝えるようにしている。医学的な見地から、無理をする場合のリスクも話し、そのうえで可能性を探っていくこともある。私は、選手たちも自分の体をきちんと知る必要があると考える。

いちばんよくないのは、メディカルチームも監督も把握していない、選手本人だけが痛いという状況である。これは、どうしても避けなければならない。選手が私たちを信用しなければ、おそらく口をつぐんでしまうだろう。もっとも、私たちは医師なので症状を見ればすぐにわかるのだが……。

「今何ができるか?」「そのうえで、どうしたいか?」

本人にとってのプライオリティを確認しなければならない。選手が招集された試合や合宿に対して、どういう立ち位置にあるのか。どれほどの思いがあるのか。レギュラー争いや代表メンバー選出の時期ならば、なおさらである。

これはサッカーだけに限った話ではない。たとえば次の大会に出なければ、オリンピック出場の目はなくなるというような、選考会を兼ねた競技会もある。それによっては、治療へのアプローチも変わってくるのだ。

厳しい決断を下さなければならないケースもある。場合によっては、選手生命どころか、命にかかわることもあるからだ。いくら選手本人が、「自分はかまわないから」と言ったところで、医師として許すわけにはいかない。

いずれの場合も、私たちは全力で選手のバックアップをする。最善を尽くしたうえでなら、結果的にドロップアウトすることになっても、選手は納得してくれるはずである。

私は、チームドクターとして、どの選手とも平等に接することを意識的に心掛けている。なかには、コミュニケーションを苦手とする選手もいる。大会期間中であれば、ケアの時間に同席し、なるべく本人の心の内を聞くようにしている。

話をしたい選手がいれば耳を傾けるし、悩み相談にも乗る。ときには、人生論というほどでもないが、そんな話をすることもある。

間に合わせる治療

ワールドカップという4年に一度の大舞台が近づいている。

ところが、この期に及んで体調不良や突発的なケガ、古傷の痛みが出たりと、想定外の事態が起こることもある。私たちメディカルチームとしても、なんとか彼らをピッチに送り出すべく知恵を絞る。

そこには、ちょっとした「変化球」が使われることもある。

内科系疾患では、通常は効果の弱い薬から徐々にステップアップし、様子を見ながら強い薬に切り替えていく。

しかし、スポーツ選手の場合、それを待ってはいられないときがある。本人にとって、どうしても外せない試合や、大事な大会が控えている場合である。

そこで、原則からは外れるが、ステップの高いところからスタートし、病状の改善を優先的に図って、その後に投薬のステップダウンを試みる、という方法をとる場合がある。

私も選手に「通常のやり方では間に合わないから、これでいってみようか?」と伝え、作用が強い薬から治療を始めることもある。

スポーツ選手の復帰先は、日常生活ではなく、競技レベルに達するところになる。そのため、さらに「スピード」が要求されるのだ。一般的な医療とスポーツ医療の大きな違いの一つである。

ケガの場合は、さらにハードルが上がる。

まず大会直前に手術という選択肢はない。メスを入れた時点で出場は事実上消滅する。ドクターは、「手術をしない」という条件のなかで、あらゆる治療法を検討する。

ただし、そこには前提があって、誰でもかれでも手術を回避するわけにはいかない。

「保存療法でも治る」

「大会に間に合う見込みがある」

この条件を満たしてはじめて、所属クラブの同意のもとに治療が始められるのだ。治療計画は、お尻が決まっているところから逆算式に立てられる。

治療計画のなかには、患部の治療とともに、

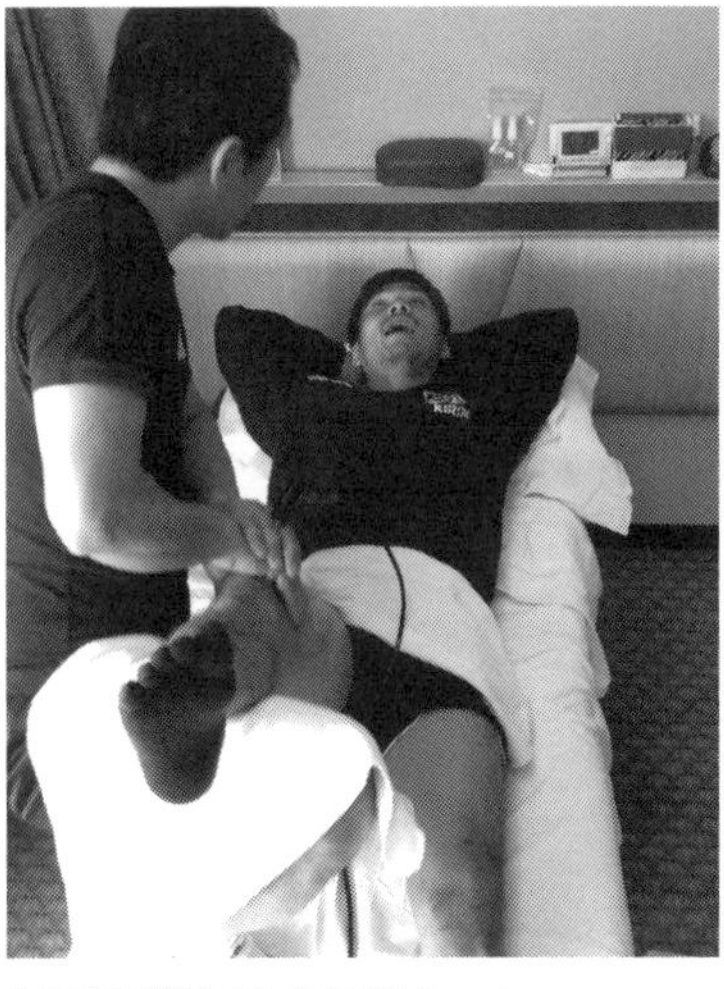

ケア中の乾選手と久保田トレーナー

呼吸器系や循環器系のコンディションを落とさないよう、トレーニングも組み込む。

診察で想定よりも良好な回復が確認できれば、リハビリのペースを上げていく。私たちドクターが目標日数を設定し、アスレティックトレーナーには、それに沿って施術してもらう。クリアできなければ、本番には間に合わないのだ。

マスコミによるケガ人報道

欧州の強豪クラブになると、チーム内に10人以上の国代表選手が所属することもある。そのため、代表戦やトレーニングで負傷したり、コンディションを落としたりする選手が出ると、国内リーグへの影響が大きくなる。ワールドカップが「FIFAウイルス」と迷惑がられる所以《ゆえん》である。

私たち日本代表のチームドクターは、選手の所属クラブのドクターと密に連絡を取り合っている。

実際には、負傷から不調まで優先順位をつけて、完全な負傷の場合には、すぐに連絡を取り、治療方法や治療場所を決定している。軽い違和感といった別メニューの選手については、通常連絡はしないことが多い。

ここで問題になってくるのが、「マスコミ報道」である。

たとえば、ランニングを2～3周回避したり、様子を見て練習を切り上げたりするだけで、それを「負傷」として大きく取り上げてしまう。その情報が選手の所属クラブに伝わり、クラブのチームドクターから説明を求められることがある。

大げさな話だが、こうしたちょっとしたことで、所属クラブと代表チームとの信頼関係が崩れることもある。

長期にわたる大会になれば、大なり小なり、選手はケガを抱えながらの出場になる。

その場合、ある程度、治療方針を任せてくれるクラブと、詳細なやりとりが必要なクラブがある。クラブ自体の考え方、また、時間をかけて築き上げてきた関係によっても違う。

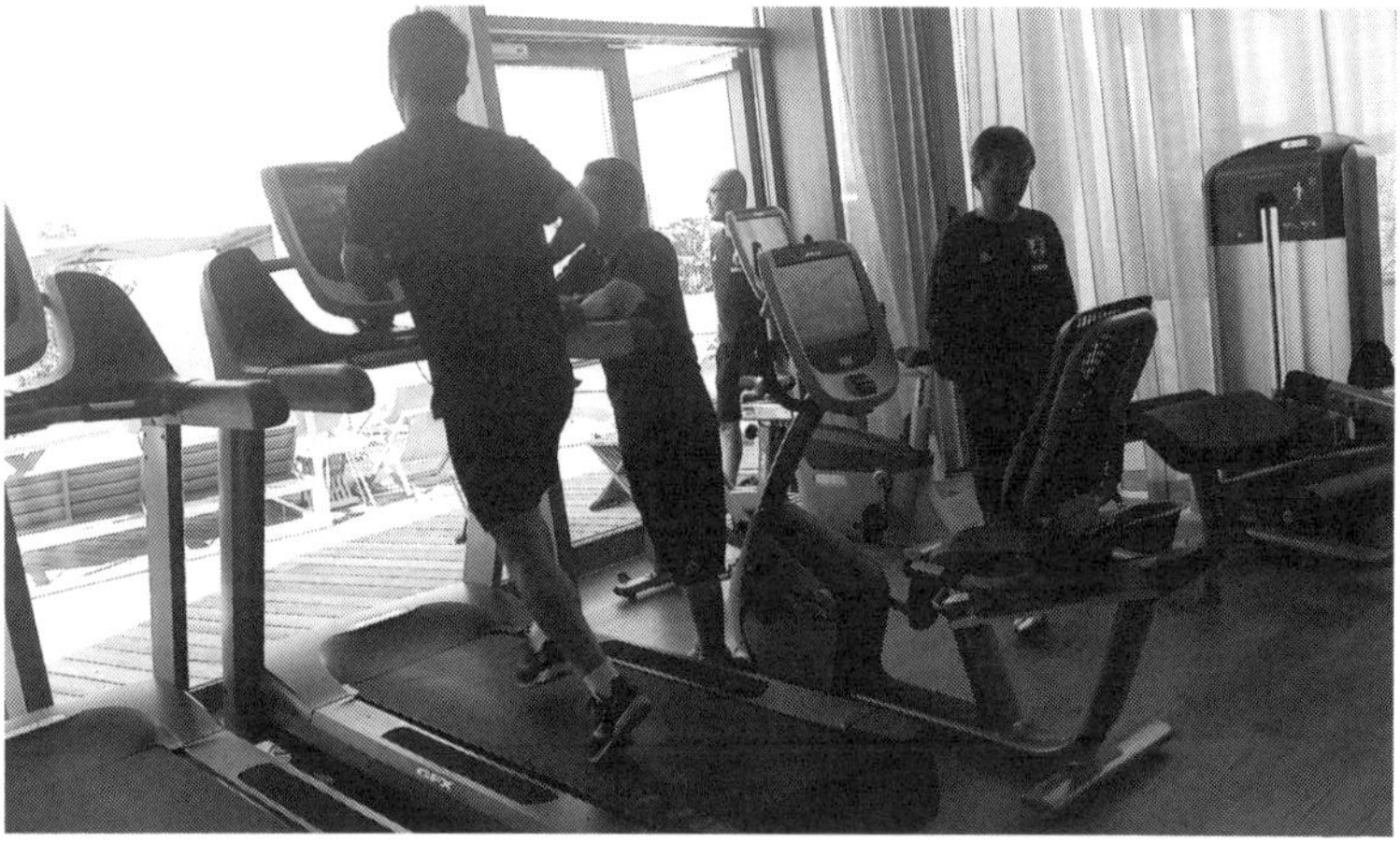

ランニングマシンを走る選手たちと見守るメディカルスタッフ

トレーニングをする乾選手

column 海外チームドクターとの折衝
——日本代表チームドクター・池田浩

日本代表に選出されるメンバーの半数以上が、海外のクラブチームに所属している。そのため、日本代表のチームドクターは、海外のチームドクターと直接やりとりをすることになる。たいていはメールでだが、急を要するときは、直接電話をかけることもある。

たとえば、代表でのトレーニングや試合中にケガがあれば、状況を報告する必要がある。大陸予選は各国リーグの最中にあり、気を使う部分だ。選手はクラブチームに所属しているわけで、日本サッカー協会は、ある一定の期間、彼らをお預かりするという立場にある。勝手な治療は許されない。

海外組のケガや病気については、ふだんから積極的に情報を集めている。

ボルシア・ドルトムントやACミランのように、一報入れてくれるクラブもあるが、試合中継やオフィシャル発表、メディアニュースなどをこまめにチェックし、こちらから先方に確認するようにしている。多くの場合は、報道よりも先に「選手本人」から連絡がくる。

情報はすべて、日本代表のメディカルチームと監督、テクニカルスタッフで共有されるが、メディア発表されていない情報の扱いには、徹底した管理が必要になる。

所属先で負ったケガは、軽ければそのまま海外でのリハビリになるが、肉離れなどで長期間を要する場合や、手術が必要とされるケースは、日本での治療を希望する選手が多い。

その場合、所属クラブのチームドクターとの折衝が必要になる。

まずは、詳しいケガの状況を聞き、画像を含めた検査データ、診断内容をメールで送ってもらう。そして、クラブ側の治療方針を確認する。その後、手術やリハビリの具体的な方法、復帰までのプランなどを含めた「治療計画」をこちらで立て、あらためて折衝に入る。

先方からの許可がおりた段階で選手を帰国させるが、たいていは、帰国した足で入院となり、翌日に手術となる。

通常は、クラブ側と日本代表の治療方針は一致している。これが、ワールドカップなどの大会前になると、少し状況が変わってくる。

深刻なケガの場合、クラブとしては「すぐにでも治療に専念させたい」のが本音である。ワールドカップはリーグのオフにあたるため、その期間を治療やリハビリにあて、来季に備えたいのである。

選手は必ずしもそうは考えていない。ワールドカップの戦力として期待できる（可能性がある）

のであれば、当然メンバー入りを切望する。日本代表チームとしては、「ワールドカップを視野に入れた治療戦略」を立てることになる。

互いに考えるゴールの時期が違うため、治療方針が変わってくるのだ。

そのあたりは、細心の注意を払って対応することが必要になる。クラブチームとの折衝には、日頃からの信頼関係の積み重ねが不可欠なのだ。

column 「乾貴士」のケース

乾貴士選手が、ロシアワールドカップ前に深刻なケガを負ったことは、報道でも大きく取り上げられた。大会後には本人の口からも語られている。

このときに行った治療や所属クラブとのやりとりについて、少しお話ししたい。


当時、スペインのエイバルに所属していた乾選手から連絡があったのは、5月18日の夕方だった。前々日の練習中に味方選手と接触したという。検査したところ、右太ももに大量の血が溜まっていたようだ。「注射器で血を抜く」と言われ、慌てて連絡をしてきたのだ。

しばらくするとまた電話が入った。

「血を抜くのが難しいため、手術するしかない」とのことだった。

すぐにエイバルのチームドクターに連絡し、MRIの画像を送ってもらった。

右大腿四頭筋《みぎだいたいよんとうきん》に大きな血腫が認められた。クラブとしては、少し時間をおいて完全に血腫が出来上がる翌週に手術をしたいとのことだった。そうなると、1カ月後のワールドカップは諦めるほかない。

ただちに、手術を回避するべく「保存療法」による治療計画を先方に送った。私は、楽観視できる状況ではなく、うまくいってもギリギリだろうと考えていた。スペインでのリーグ戦はあと一試合残っていたが、すぐに乾選手を日本に戻してもらうことも、あわせてお願いした。

エイバルのドクターには理解を得られたが、一つ問題があった。

このとき、乾選手は来季プレーするクラブへの「移籍」が決まっていたのだ。そこで、次のレアル・ベティスに対しても、治療についての説明が必要になった。治療法の折衝に移籍が絡むのは、とてもまれなケースである。

乾選手が日本に着いたのは、5月20日の早朝。そのまま、ウロキナーゼという血栓を溶かす薬を太ももに注射した。

通常であれば、受傷から1週間以上は待って、血腫が消退傾向にないことを確認してから溶解剤を入れる。溶解した血液はその2日後くらいに抜くのだ。今回、通常どおりに1週間以上待っていてはワールドカップに間に合わないので、すぐに溶解剤を注射し、血腫を拡散することにした。

溶解剤注入の数日後から、アスレティックトレーナーが強擦《きょうさつ》といって、血腫を拡散させるために、固まりそうな血を押しつぶすようなマッサージを開始する。

相当に痛いもので、本人もベッドを抱えながら必死に耐えていたが、祈るような思いで見守るしかなかった。治療では、患部への温熱療法や高圧酸素療法も同時に行っている。


投薬や治療の効果が出始めると、当初は血腫が邪魔をして、70度も曲がらなかった右膝の関節が、日を追うごとに曲がるようになってきた。5月24日には「100度」以上となったことで、かなりの可能性が見えてきた。このタイミングで、乾選手のトレーニングは室内でのバイクから、グラウンドでの軽いジョギングに移った。

これらの経過は、2日おきに画像や動画でスペインのクラブに報告している。5月28日には、ほぼすべてのトレーニングメニューをこなせるようになっていた。

日本に着いて11日目の5月31日。西野朗監督は、本大会に間に合うとの判断で、乾を最終メンバー23人に選出した。6月1日、レアル・ベティスへの移籍も正式に発表された。

乾は、6月19日の初戦コロンビア戦に先発出場し、6月25日の第2戦セネガル戦、7月3日の決勝トーナメント、ベルギー戦でゴールを挙げた。

＊当コラムの治療や当時のやりとりについての記述は、池田先生、乾選手本人、エージェント、日本サッカー協会の承認のもと、掲載しています。

感染症はチーム弱体化の最大原因

内科系疾患のなかで最も多いのが「感染症」である。それをどれだけ未然に防ぐかということが、大会遠征中の最重要事項でもある。

感染症は、ウイルスや細菌などの病原体が体内に侵入して起こる病気だ。発熱や下痢、咳、関節の痛み、皮膚の炎症など、全身症状を引き起こす。

冬の風物詩ともいえるインフルエンザは、感染症の一つで、非常に感染力が強い。

低温度、低湿度を好むウイルスで、気道の粘膜細胞に付着すると、16時間後に1万個、24時間後には100万個という猛スピードで増殖する。「のどが痛いな」と思ったときには、すでに全身に回っているのだ。

症状が出始める急性期は、著しくパフォーマンスを下げる。もし、そのまま続けるとすれば、集中力もなくなり、それに伴ってケガも増える。1週間ほどで症状は落ち着くが、コンディションが元に戻るには1カ月ほどかかる。蔓延でもしたら、それこそチームの弱体化に直結してしまう。

感染症の予防接種は有効な手段であり、インフルエンザの場合、たとえ感染していたとしても発症を抑え、重篤化を防ぐことができる。

そして、なにより免疫機能を低下させないことが感染症の予防には大切だ。免疫力が落ちると、インフルエンザ以外でも、さまざまな箇所で感染症が引き起こされる。虫垂炎もその一つだ。免疫力さえ保たれていれば、感染症のリスクが減る。

どうすればいいか?

それは、きちんとした睡眠とバランスのとれた食事に尽きる。基本的なところだが、おろそかにしがちである。

インフルエンザウイルスは寒い季節に活発になるため、地域によって流行の時期が異なる。南半球のオーストラリアでは、あちらの「冬」にあたる6月から8月がピークになる。ワールドカップの予選などで当地に出向く場合は、注意が必要になってくる。

インフルエンザの感染と隔離

さて、どんなに気をつけていても、一定数はインフルエンザに感染する。大会中に選手やスタッフが発症した場合には、次の感染を防ぐために隔離することになる。

帯同ドクターは、インフルエンザの簡易検査キットを必ず持っている。鼻やのどの粘液を綿棒でぬぐって調べるのだが、短時間で結果がわかる。もし陽性ならば、部屋から出ないよう注意する。

A代表は基本一人部屋だが、なでしこやユースの場合は「相部屋」が多い。その場合は、早急に部屋を別にしなければならない。発症している本人はもちろんだが、同室にいた選手は濃厚接触ということで、抗インフルエンザ薬を予防的に投与することもある。

今はなんともなくとも、潜伏期間があるので油断はできない。患者は食事も部屋で食べさせる。ほかの選手は立ち入り禁止である。

ドクターが「陽性」だったら？

帯同ドクターは、基本体が強くないと勤まらない。拘束時間は選手と同じで、夜中に起こされることもある。気が休まらず睡眠時間が少ない日もある。

私は、健康には人一倍気を使っているほうだが、大会中に一度だけインフルエンザ感染を疑ったことがあった。

そのとき私はすぐにメディカルルームで熱を測り、自分でインフルエンザの検査をした。結果は陰性だったが、薬と検査キットをもう一セット持ち、自主的に自分の部屋に閉じこもった。のどが痛く、熱もあった。

私はすぐに、もう一人のチームドクターに電話し、状況を説明した。

「明日の朝もう一度熱を測って、検査で陽性でなければ、朝食に出てきます」

その日は、自主隔離である。水分を十分にとり、早めに眠りについた。

次の朝には熱は下がった。再度行った検査でも陰性で、私は胸をなでおろした。

もし陽性だったら？　そのときは、接触者に予防投与を行うつもりだった。それは、選手、監督、スタッフ、ほぼ全員である。

スポーツ医学において、内科の重要性が見逃されていた理由の一つには、ケガと違って「自覚症状が少ない」という点が挙げられる。

たとえば、足首の靭帯を痛めたとする。見た目よりも何よりも、まず痛くて歩くことができない。それならば、誰に言われなくとも休むだろう。

一方、インフルエンザを発症し、39℃の熱が出たとする。ところが2~3日もすると、選手は「もう熱下がりましたから」と練習に復帰してしまう。

実際には、完治にはほど遠い状態にある。本人が思っている以上に、コンディショニングが戻っていないはずだ。本来であれば、もう何日かは休ませるのがいい。そのほうが回復も早いし、再び感染症に陥るリスクも低い。

TUE「治療使用特例」

世界アンチ・ドーピング機構（WADA）は、「TUE（Therapeutic Use Exemptions）」という特別の許可制度をつくっている。日本語では「治療使用特例」という。禁止物質や禁止方法であっても、事前に所定の手続きによって認められれば、例外的に許されるというものだ。許可なしだと、「アンチ・ドーピング規則違反」と判断されることもあるので注意が必要だ。サッカー選手にケガはつきものだし、持病を抱えている選手もいる。そんなとき、ドーピング禁止薬を使わないと治療できないこともある。

ＴＵＥには、いくつかの承認条件がある。

＊治療をするうえで、使用しないと健康に重大な影響を及ぼすことが予想される。
＊ほかに代えられる合理的な治療方法がない。
＊使用しても、健康を取り戻す以上に競技力を向上させる効果を生まない。
＊ドーピングの副作用に対する治療ではない。

ＴＵＥの申請は、原則として大会の30日前までと決まっている。指定の申請用紙に主治医が医学的情報を伴う診断内容を記入し、そこに選手本人が署名をする。

提出先は、ＦＩＦＡ主催の大会ならばＦＩＦＡに。オリンピックはＩＯＣに。日本国内のサッカー試合、たとえばＪリーグなどの場合は、日本アンチ・ドーピング機構（ＪＡＤＡ）の委員会から承認を得る。

結果は選手に通知される。申請が100％通るかどうかはわからない。
緊急時の治療では、事後の申請でもかまわない。後日、通常の申請に加え、「緊急性を証明する医療記録」というのを提出する。

ぜんそく薬と北京の大気汚染

禁止物質でも、TUE申請の必要がない薬もある。たとえば、ぜんそくの治療に使う吸入薬のいくつかは許可されている。ぜんそくの治療薬にはステロイドが入ったものが多い。強い抗炎症作用を持ち、長期的な症状のコントロールに有用だ。

北京五輪の行われた2008年には、まだぜんそく薬のTUE申請（2019年とは異なる）が必要で、メディカルチェックの際に、ちょっとした騒ぎになったことがある。私も日本選手団のドクターだったのでよくおぼえている。

問診では全体の3～4％だった「ぜんそく持ち」が、いざ検査をしたところ、選手の10％以上という結果が出てしまったのだ。ふだんは発作を起こさない、いわゆる「隠れぜんそく」が思いのほかたくさんいたのである。そこで、急きょ24人分のTUE申請をすることになった。当時、開催地である北京の大気汚染が問題になり、ぜんそくの持病を持つ海外の有力選手たちが、大会参加に難色を示していた。ニュースで映し出される北京の空は、薄茶色に霞《かすみ》がかかり、道行く人はマスクで口を覆っていた。「PM2・5」という言葉が世間を賑わせたのも、このときが初めてだったかもしれない。

トップアスリートの「10％」がぜんそくの理由

北京五輪のときのぜんそく検査は、国立スポーツ科学センター（JISS）で行われたものだが、「日本選手団の10％がぜんそく」という統計は、一般人の8％より数字的に高い。

これは、JISSのメディカルチェックは、症状の有無にかかわらず検査することに起因する。「発作の予防」を目的にしているためである。

もし、大会期間中にぜんそく発作が起これば、パフォーマンスに重大な影響を及ぼしてしまうため、その前に手を打たなければならない。大気汚染が発作の引き金になることは、大いに考えられるのだ。

あくまで計算上だが、10％がぜんそくということは、サッカー日本代表選手23名のうち、2人はぜんそく持ちということになる。

ぜんそく患者の気道は、健康な人に比べて狭く空気が通りにくい。症状がないときでも常に慢性の炎症を起こしている。そこにホコリやタバコ、乾いた空気、運動、ストレスといった刺激が加わると、さらに気道が狭くなり発作が起こる。

「子どもの頃は発作がよく起こったけど、大人になって治った」という人がいるが、正しくはない。症状が出なくなったのは治ったからではなく、ただ単に発作が起こっていないだけだ。

私はぜんそくの可能性がある選手には、治療を促すようにしている。ぜんそくは、適切な治療で症状をコントロール（予防）することができるからだ。

「ぜんそく薬ドーピング」の報道と疑問

「ぜんそく薬ドーピング」ということばを聞いたことがあるかもしれない。一時期紙面を賑わせ、その後も定期的に話題にのぼっている。

近年大きく取り上げられたのは、自転車レース「ツール・ド・フランス」でのことだ。

「ぜんそくの持病がある選手のほうが、健康な選手よりも有利」

ドイツの有名な週刊誌の記事である。ぜんそく治療薬は心肺機能を拡大し、酸素を多く吸収できるので、パフォーマンスが高くなる、と続く。また、ぜんそく治療薬のなかには、大量に使うと筋肉増強作用があるものもあり、それを当て込んだアスリートのTUE申請が急増している、ともある。

実際には、一日あたりの使用上限がWADAで決まっているので、大量に使うということは、それだけで違反になるのだ。

呼吸機能にしても、ぜんそく患者が狭くなった気道を正常な状態に戻すのであって、はじめから正常な状態の人が吸ったところで、気管支はそれ以上広がらない。あまり意味がないと言っていい。

column 「生化学的」コンディショニング・チェック――日本代表チームドクター・池田浩

ひと月にわたる大会において、選手たちのパフォーマンスを維持し続けるのは大変なことである。体をリカバリーしながら、並行してトレーニングで負荷をかけていく。トレーニングメニューは、個々の疲労の度合いによって細かく調整されている。

タブレット端末を用いたVAS（視覚的アナログ尺度）による「主観的評価」に対し、ここでは、「客観的評価」を導き出す検査を2つほど紹介したい。使われるのは、血液と唾液である。

一つ目の検査は、指先に極細の針を刺し、200マイクロccほどの血液を採取する。小さなビーズ球くらいだ。一瞬なのでそれほど痛くはないが、苦手な選手も若干いる。

私たちの血液には、さまざまな細胞や生化学成分が含まれている。それらの量（数値）は病気やケガ、ストレスにより、増えたり減ったりする。

筋肉や心筋に多く含まれている、「クレアチンキナーゼ」という酵素がある。頭文字から「CK」と呼ばれるが、激しい運動などで筋線維が傷つくと、血液中に遊出することがわかっている。その数値が高いということは、筋肉のダメージを意味する。すなわち、筋肉疲労度が高いということだ。

もう一つは、副腎から分泌される「コルチゾール」というホルモンだ。起床時に唾液を採取し数値を測定する。コルチゾールはストレスを負荷すると、その値が2倍にも3倍にも増加し代謝が滞ってしまう。人の認知機能や注意機能を阻害することも報告されている。

ＣＫの検査は、長谷部誠選手が所属するアイントラハト・フランクフルトで、ニコ・コバチ監督時代に毎日行われていた。コルチゾールの検査は、中島翔哉選手、南野拓実選手らがメンバーだった、２０１６年のＵ23代表チームで採用している。それらを参考に、日本代表でも導入することになった。

column カットオフ値と個別トレーニングメニュー

検査データはとっているだけでは意味がない。いかに「現場」にフィードバックするかが重要になってくる。

前述のような検査データを活用するとき、「カットオフ値」というのを決める。リスクの有無を分けるポイントである。ＣＫで簡単に説明するならば、この値を超えれば「筋肉にダメージがある（問題がある）」、超えていなければ「ダメージが少ない（問題がない）」といった見方になる。

ただし、これらの数値には個人差がある。生まれつき高めの人もいるため、その場合には、カットオフ値を高めに設定する。全員が同じ値ではないのだ。

検査の数値はその都度データベースに蓄積され、精度が上がっていくようにしてある。なかには、ブラジルワールドカップや、アンダーカテゴリーの大会時から継続して計測している選手もいる。大会を通しての筋肉疲労度も、グラフで可視化できるようになっている。

これらの数値を考慮してトレーニングメニューを調整するが、実際には、心拍数など他のデータと統合し、そこにＶＡＳの主観的評価と実際のパフォーマンスをあわせて、監督とコーチが総合的に判断していく。

「今日は全部外して全部リカバリーにする」

「途中までやって最後のゲームは外す」

同じメニューでも、最初は23人でスタートし、途中から18人になって、最後は20人になるということもある。また、ほとんどの選手がジャンプ系のトレーニングをしているのに、カットオフ値を超えた選手は、軽いジョギングをしている場合もある。

海外組はワールドカップの直前にシーズンを終える。そのため、かなり疲弊した状態で代表合宿に合流することになる。ケガを抱えている選手も圧倒的に多く、当然、生化学的な検査数値もよくない。それもあって、ロシアワールドカップのオーストリアでの事前キャンプでは、負荷のかけ方をかなり細かくコントロールした。

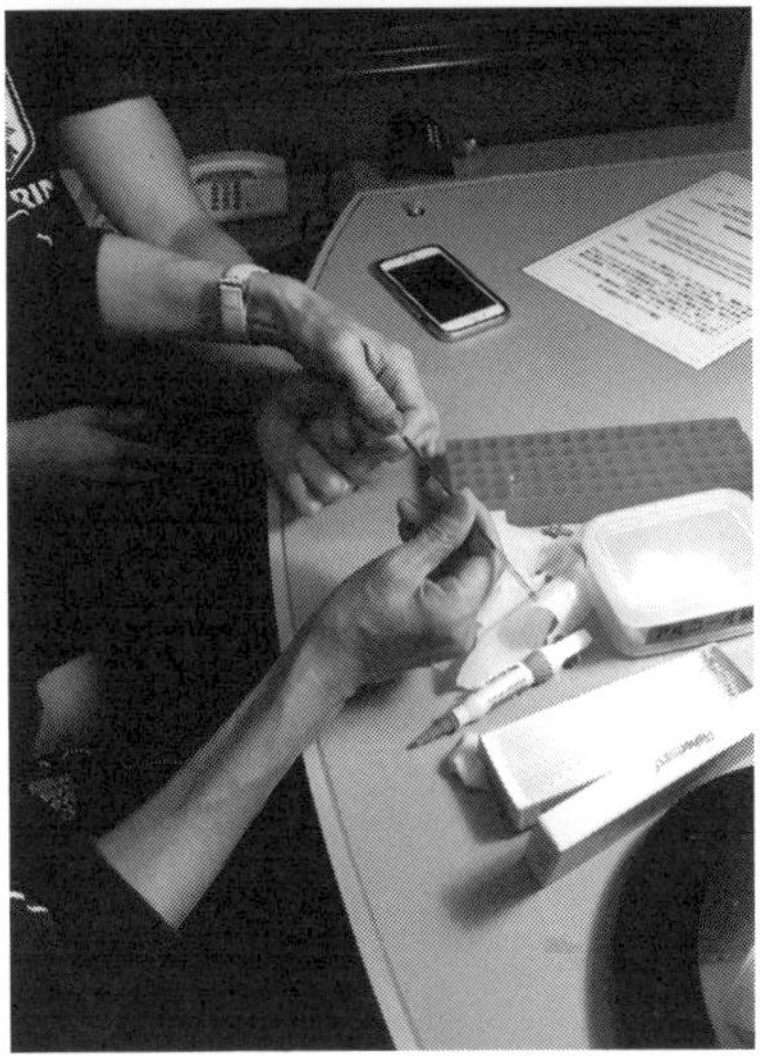

血液採取の様子。奥から岡崎選手、著者

暑熱対策とWBGT

WBGTとは、Wet Bulb Temperature（湿球・黒球・温度）の頭文字で、「暑さ指数」と称されている。「湿度・輻射熱《ふくしゃねつ》・外気温・風」の4つによって導き出される指標で、単位は外気温と同じ「℃」が使われる。輻射熱というのは、直射日光や地面の照り返し、ビルの室外機など、外部からの影響を受けた気温のことである。

遠征中には、練習場でも本番のスタジアムでも、まずはWBGTの計測をする。

WBGTは、1954年にアメリカで考案された。海兵隊新兵訓練所での熱中症予防のために使用されたのがはじめで、その後、国際規格になっている。FIFAをはじめとした各スポーツ団体、そしてJFAでもガイドラインを出している。

〔WBGT＝28℃以上の場合〕

1　ベンチを含む十分なスペースにテント等を設置し、日射を遮《さえぎ》る。

2　ベンチ内でスポーツドリンクが飲める環境を整える。

3　各会場にWBGT計を備える。

4　審判員や運営スタッフ用、緊急対応用に、氷・スポーツドリンク・経口補水液を十分に準備する。

5　観戦者のために、飲料を購入できる環境（売店や自販機）を整える。

6　熱中症対応が可能な救急病院を準備する。特に夜間は宿直医による対応の可否を確認する。

7　クーリングブレイク、または飲水タイムの準備をする。

〔WBGT＝31℃以上の場合〕

8　屋根のない人工芝ピッチは原則として使用しない。

9　会場に医師、看護師、BLS（一次救命処置）資格保持者のいずれかを常駐させる。

10　クーラーがあるロッカールーム、医務室が設備された施設で試合を行う。

暑さに順化するには、最低でも数日はかかる。「いかに汗を出すか」がカギになり、水分の取り方にも工夫が必要になる。早めに現地に入るのが理想だが、それでも調整は難しい。選手それぞれの体調にあわせ、サウナなども併用する。

「クーリングブレイク」とワールドカップでのアイスベスト

猛暑のうえに、さらに激しい運動で深部体温（身体内部の温度）が上昇すると、人の体はいよいよ悲鳴を上げる。WBGTが32℃以上になると、FIFAでは、試合中に「クーリングブレイク」という休憩を原則入れることを指示している。

「前後半の開始30分に、最大3分間、ピッチ上にいる全員が屋根のあるベンチに戻る」

水を飲んだり、体を冷やしたりするのだが、その間、正確に時計を止めるルールになっている。選手だけではなく、レフェリーも屋根の下に入る。これだけでも、だいぶ熱中症のリスクを減らせるのだ。

WBGTの値は、外気温より3～4℃低くなることが多いので、クーリングブレイクが入る試合というのは、かなりの暑さが対象になっているのがわかる。ロシアワールドカップでは一度もなかった。

それでも、気温30℃を超えたヴォルゴグラードのポーランド戦には、「アイスベスト」を用意した。アイスベストはその名のとおり、冷却素材の入ったベストである。

前泊のホテルでは業務用冷凍庫を借りて、アスレティックトレーナーが前準備をした。全部で十数枚になるので、かなりのスペースを要する。試合当日のスタジアムでは、バックヤードにある製氷ボックスが臨時の保管庫になる。

体を冷やすといっても、カチコチに凍らせてしまっては使えない。あまりに冷たいと末梢血管が収縮してしまい、発汗ができなくなってしまう。「冷蔵庫くらい」が丁度いい。

アイスベストには、使用用途がいくつかある。「前もって体を冷やしてから試合に臨む」「ハーフタイムに上昇した深部体温を下げる」「試合後のリカバリー」など。いずれの使い方でも、パフォーマンスの改善が認められている。

ポーランド戦ではハーフタイムに配られた。

「クライオセラピー」の可能性

海外のスポーツの現場では一般化されている「クライオセラピー」だが、日本代表では3年ほど前から導入している。クライオセラピーは私の研究テーマの一つであり、その可能性については大きな期待を寄せている。ロシアワールドカップでも、カザンのベースキャンプに設置することを提案した。

クライオセラピーは、「冷やす」という言葉のcryoと、「療法」のtherapyの２つの言葉からできた造語で、日本語に訳すと「冷却療法」となる。マイナス１９６℃の窒素ガスカプセルの中に、裸で約２～３分間入るのだが、疲労回復に効果があり、筋肉などの痛みも軽減される。

人の体は、急激に冷やされると一次的に血管が収縮する。すると、二次的に体が皮膚温度を上げようとして血管を広げ、血流量が増加する。血流がよくなれば多くの酸素を体内に送り込むことになり、細胞は活性化し、新陳代謝が始まる。

実は、冷えているのは皮膚のほぼ表面のみで、体の中までは冷えていない。冷やすのが目的ではなく極端な刺激を与え、それによる身体の緊急反応を促すものなので、体調を崩す心配も

クライオセラピー中の長谷部選手

ない。免疫力や自然治癒力も高めることから、感染症の予防にも期待できる。海外のクラブチームでは、リカバリー目的で導入しているところも多い。日本代表でも、抵抗なく入る選手がいる一方で、「一度試してから二度と入らなくなった」という選手もいる。そういう場合は無理強いしない。

選手生命を守る脳震盪対応策

脳震盪《のうしんとう》とは、頭部に外力が加わった結果生じる、一過性の意識障害、記憶障害で、サッカーやラグビーなどのコンタクトスポーツでは非常に起こりやすい。

発生時の対応については以前から問題視されていて、2001年に、FIFAのスポーツドクターが中心となった、世界初となる「スポーツ脳震盪」のシンポジウムが開催された。初回から名を連ねているのは、国際アイスホッケー連盟、FIFA、IOCの3団体。その後、ラグビーや馬術、スキー、スノーボード、他の団体も参画している。

この「スポーツ脳震盪におけるコンセンサスミーティング（International Conference on Concussion in Sport Group)」は、数年おきにヨーロッパ各地で行われ、競技の垣根を越えた学問的な意見交換の場となっている。

世界的に意識が高まっているなか、2014年の「FIFAワールドカップ・ブラジル大会」は、近年で最も脳震盪の発生件数が多い大会になってしまった。これがきっかけで、ロシア大会での「3分間ルール」と「メディカル・ビデオ・アナライシス」というテクノロジーの導入が検討されることになったのだ。

ブラジルワールドカップの事例

ブラジル大会で特に問題となったのは、グループステージのウルグアイ対イングランド戦である。

ウルグアイ代表のアルバロ・ペレイラ選手は、相手選手の膝をまともに頭部に受け、その場に倒れ込んだ。一度はピッチ外に出されたものの、本人と監督の意向でプレーを続行。反対していたチームドクターは、結果的に2人に押し切られる形になった。

決勝のドイツ対アルゼンチン戦でも、物議をかもしたシーンがあった。

ドイツ代表のクリストフ・クラマー選手は、相手選手と交錯し、倒れた直後に「大丈夫だ」

とレフェリーに請け合った。ところが、10分ほど経つと、レフェリーにこうたずねたのである。

「今やっているのはワールドカップの決勝か？」

レフェリーが聞きなおすと、同じ質問を繰り返したという。

これは「見当識障害」という症状で、今自分がどこで何をしているのかを、まるで理解していない状態である。事態を重く見たレフェリーは、その時点でクラマー選手に退場を命じている。


このような事例は日本代表でもあった。

ロシアワールドカップのアジア最終予選期間中のことである。トレーニング中に倒れた長友佑都選手が、見当識障害を起こしたことがあった。ピッチ上では「大丈夫やれる」と繰り返していたが、私たちは脳震盪と判断し、トレーニング中止を決定してロッカールームに連れて行くと、長友選手は私たちに「練習だよね？」と聞いてきたのだ。そこまでの記憶がなかったのである。


後日、倒れたシーンを映像で確認すると、一度頭を打ちつけた後に立ち上がり、その直後に他の選手の体が当たって再び頭を打っていた。そのとき、トレーニングを続けさせようとする監督を説得し、長友選手を離脱させた私たちの判断は適切であったといえる。

FIFA「3分間ルール」の誕生

FIFAでは、ブラジルワールドカップの事例を重く受け止め、ルール設定の動きになった。頭部外傷は一般に考えられている以上にリスクがある。他競技だが、急性硬膜下血腫での死亡例も出ている。また、重い後遺症を残すケースもある。

選手がプレーを続行したがるのは理解できるとして、監督が「大丈夫だ」と後押しするのには問題がある。ここはチームドクターに従ってもらわなければならない。

FIFAには「脳震盪のガイドライン」というのがある。ピッチ上での対応、24時間以内の対応、復帰へのプログラムなど、こまかく指針がまとめられている。ただし、これは一般的な診断ツールであり、実際に大会で選手を診るのは、専門家であるチームドクターである。

要は、「きちんと診断させてもらえるか否か」「ドクターストップを認めるかどうか」というポイントだ。

こうして生まれたのが「3分間ルール」である。

ここで重要なのは、「3分間、必ず時計を止める」というところだ。たとえば、アディショナルタイムは、レフェリーの裁量で多少長くなったり、早めに切り上げたりすることがある。この3分間ルールは、脳震盪という命にかかわることなので、きっちり時計を止めることになる。その間、チームドクターの診察を急かしたりしてはならない。

また、診察は必ずピッチ上で行う。ピッチ外に出すと、監督をはじめとする外野がうるさいからだ。

3分という時間だが、本来の診察にはもちろん短いのだが、競技の性格上、これがギリギリのラインということだ。このルールはまだ100%浸透しているわけではないが、2018年のロシアワールドカップでは適用されている。

＊レフェリーはプレーを止め、必ずチームドクターをその場に呼ぶ。
＊診断はピッチ上で3分間。時計は必ず止める。
＊チームドクターが脳震盪だと判断した場合、その選手にプレーを続行させない。
＊そこに監督や選手本人の意見は挟ませない。

脳震盪を監視するテクノロジー

ブラジルワールドカップのケースで問題視されたのは、事後対応だけではない。ペレイラ選手の件にしても、クラマー選手の場合も、頭部をぶつけたシーンを、レフェリーや監督、メディカルスタッフが、誰一人として十分意識して見ていなかったのである。「見ることができない」と言ったほうが正しいかもしれない。試合は続いているし、頭が当たるのは一瞬だ。それならば、ビデオでのチェックシステムを作ってはどうだろうか、という意見が出た。

こうして、「メディカル・ビデオ・アナライシス」は生まれたのである。システムは、「VAR（ビデオ・アシスタント・レフェリー）」と「EPTS（エレクトロニック・パフォーマンス＆トラッキング・システム）」を一部転用している。

ロシアワールドカップでは、いくつかの新しいテクノロジーが登場した。

VARは、「試合結果に重大な影響を与える明らかなミスジャッジと見逃し」に対して使用されるシステムである。スタジアム外にリプレーオペレーターが4人いて、数台のモニターを監視するのだ。ピッチサイドには、レフェリーの確認用モニターも設置されている。

メディカル・ビデオ・アナライシス

もう一つは、EPTSという電子機器の使用だ。

FIFAが各チームに2台の特性タブレット端末を提供し、ベンチにいるコーチは、記者席上部に座るテクニカルコーチから、各種データやキャプチャー画像を受け取れるようになっている。双方は試合中にインカムで話すこともできる。テクニカルブースにはモニターが複数台あって、「数方向からのピッチ映像」と、同時開催している「他会場の試合映像」を確認できる。

実際のところ、試合中にタブレット端末を眺める余裕などないので、主にインカムでのやりとりが中心だったようではある。

そして、テクニカルコーチの隣に「メディ

カル・ビデオ・アナライシス」のブースが用意された。メディカルチームから、アスレティックトレーナーが一人ブースに入り、試合中の脳震盪やケガを監視した。

大会後に開催されたFIFAの医学委員会では、このシステムを実際に使用した国のうち、委員となっている日本とアルゼンチンのチームドクターが感想を求められた。

私たちは、「メディカル・ビデオ・アナライシスが非常に有用である」と報告した。それとともに、私は個人的に意見を述べさせてもらった。

「脳震盪の映像は、各国の監督にも機会をつくって見せるべきだ」

相手選手の膝や足が激しく頭部に直撃するシーンは、それだけで目を覆いたくなるほどだが、朦朧《もうろう》として足元がおぼつかない選手を見れば、うかつに「大丈夫だ。立っているじゃないか」とは言えなくなるはずである。

昔は、ラグビーでいうところの「魔法の水」(激しいコンタクトプレーで倒れ込んだ選手の意識を戻すために顔などにかける水のこと)といった根性ドラマや美談にすり替えられていたが、もうそういう時代ではない。続行させる、あるいは選手を止められない監督やコーチ、それを見逃すチームドクターは、今後は叩かれる側になるはずだ。

脳震盪の話題の一つとして、「セカンドインパクトシンドローム」がある。「短期間に2度目の衝撃を受けることで、脳に重大な損傷が生じ重篤な症状に陥る」という仮説だが、この名称は、現在世界的なコンセンサスを得られていない。必ずしも「脳の損傷が2度目だから大きい」という事例があるわけではない。

ただし、1度目の損傷が回復しない状況、つまり、無防備あるいは反応性の低下がある状況では、2度目の受傷時に脳への損傷程度が大きくなることが危惧される、という警鐘としては意義がある。

つまり、「脳振盪関連の症状がある間は、転倒を含めた頭部外傷を被る可能性のある機会は避けるべきだ。短期間に2回目の脳へのダメージは危険である」ということだ。

column メディカル・ビデオ・アナライシス——アスレティックトレーナー・久保田武晴

メインスタンド中腹にある記者席をさらに抜けると、客席最上部の一角にメディカルとテクニカルの特設ブースが設けられている。

センターラインの延長線上。目の前に広がるピッチは、ほぼ俯瞰することができる。少し離れたところに対戦相手のブースもある。試合前には、同業者どうし健闘をたたえ合ったりもする。

メディカル・ビデオ・アナライシスは、モニターを使って、ピッチ上で起こるケガや選手のコンディションを確認するものだ。付属のインカムは3人までつなげて、同時にしゃべることもできる。自分のインカムは、ベンチにいるアスレティックトレーナーとフィジカルコーチにつなげていた。テクニカルもベンチを含めた3人とでやりとりをしている。

机の上にはモニターが合わせて5台。そのうち、2台はノート型パソコンだ。

TV用の中継映像に加え、視点の異なるカメラからの映像がいくつかある。チャンネルは自由に変えられて、どのモニターにも映せる。もちろん、コマーシャルや客席にいる女性のアップなど、イメージ的な映像は一切ない。他会場の試合は、一つのモニターでテクニカルと共有した。

　各モニターには、編集スタジオにあるようなジョグダイヤルが付いていて、くるくる回すと、映像の「巻き戻し」「早送り」ができるようになっている。別のスイッチに触れると、瞬時にリアルタイムのライブ映像に戻る。走行距離などのスタッツも表示されている。

　操作がわからなかったり、画面の調子がおかしいときには、近くにいるロシア人スタッフがなんでも教えてくれた。素晴らしい対応である。

　メディカルチームとしての第一の役割は、

手前から、久保田トレーナー、和田一郎テクニカルスタッフ

ケガ人が出たときのチェックである。

プレーのなかでどういうケガが起こっていたのかをいち早く確認する。

「膝の打撲か、捻挫なのか。頭部の打撲だったら、首なのか鼻なのか。出血はしていないか」

ベンチからでは確認できないことを、モニターを通して繰り返しチェックする。脳震盪は特に注意が必要になる。

実際に、長谷部誠選手が頭部を打って鼻血が止まらない場面があった。鼻血が出続ける場合、一つは鼻骨骨折の可能性を疑う。こんなときこそ、上と下とで確認し合うのである。

ベンチからは、「各選手のコンディションを見てほしい」とリクエストが飛んでくる。足を引きずっているのは、ハムストリングか、疲れているだけなのか。あの転び方は膝の内側靭帯かもしれない、など。指令を受けた選手をフォーカスし、それを報告する。

意外に多かったのは、選手が交錯して倒れ込んだ場面である。

「今のは完全にフェイクです。足はかかっていません」

「痛くないです。たぶん疲れて休みたいのだと思います」

などと、私はベンチのアスレティックトレーナーとフィジカルコーチに報告をする。ベンチも、それがわかれば、ほかのことに集中することができる。

かつては、控え室のテレビで選手のケガを確認したこともある。試合が中断しリプレイ画面が流されると、相手と競り合った直後に地面に手をつき、芝の上でうずくまる選手が映った。

「あ、脱臼した」

そんなときは、取る物も取りあえず、ベンチに走ったものである。

景色のいいスタンド最上階は、思わぬ形で苦戦を強いられることになる。

私たちアスレティックトレーナーは、ハーフタイムに「選手のケア」がある。この大会のトレーナーの定員数は4人だが、自分を抜いた3人では、とても手が回らないだろう。自分はここから1階まで降りて手伝う必要があるのだ。

いっせいに記者が殺到するエレベーターには乗りきれない。次を待つと、来るまでに5分以上はかかってしまう。向かった先は、四方が壁で囲まれた、おそらく7〜8階はあるであろう非常階段だ。それをぐるぐる回るように、ひたすら駆け下りるのである。

そして、1階でひととおり選手のケアが終われば、今度は降りてきた階段を駆け上がってブースに戻ることになる。後半開始までには席に戻らなくてはならない。試合のある日は、太ももがパンパンになった。

グループリーグ第3戦のポーランド戦では、モニターに他会場の試合がリアルタイムで流れた。

ラスト10分間の場面では、数分、あるいは数秒おきに、セネガルとコロンビアの試合の状況がベンチに伝えられている。同じブースに座っているテクニカルコーチにとっては、最重要な場面である。

「今、日本1位です」

「今、点入りました」

「2位です」

「大丈夫です。このままで行ったら2位で通過です」

私たちメディカル側も、逐一情報をベンチに伝えた。

日本代表がゆっくりボールを回し始めると、会場にはこれ以上ないというくらいの大ブーイングが起こった。そんななか、このブースでは最後まで緊張感のあるやりとりが続いた。

そして試合終了。

最後はテクニカルコーチとハイタッチを交わした。

ドーピング検査の抽選

私が日本代表のチームドクターとして帯同するときは、必ず「ドーピング検査」に同伴している。では、どういう流れで「検査対象者」が決まるのだろうか。

サッカーの場合、試合のハーフタイムまたは後半30分のところで、両チームのスタッフが立会人としてドーピング検査室に出向く。日本代表の場合はチームドクターが担当しているが、国によっては総務が行くこともある。そこで抽選が行われるのだ。

部屋に入ると、FIFAなどの大会ドクターと、各チームの立会人の計3人が、「中身の見えない袋」を前に向かい合って座る。

袋は両チーム分の2つあり、中にはナンバリングされたプラスチックの小さなタグが23枚入っている。大会ドクターは、それぞれの袋に手を入れ、無作為に2枚を抜き取る。ここで出てきた番号が、ドーピング検査対象者の「背番号」である。

私は、FIFAとAFC両方の医学委員なので、大会によっては、選手を選ぶ側の大会ドクターになることもある。

検査対象の選手は、前もって決まっていることもある。また、通常2人であるところを一人増やして「3人」になる場合もある。もちろん理由あってのことだが、大会主催側に説明の義務は一切ない。ただ、従うしかないのだ。

おおよそ察しはつくかもしれないが、たとえば疑惑のかかった選手であったり、明らかにパフォーマンスや行動が怪しい場合には、ピンポイントで指名されることがある。

また、ケガで長期離脱していた選手も検査対象になる場合もある。復帰に際して薬物を使う可能性を否定できないからである。

1994年のアメリカワールドカップ、グループリーグ第2戦で、アルゼンチン代表は

ドーピング検査対象選手の抽選に使われるタグ
（写真はAFC主催の大会で使用されるタグ）

3人の選手が検査対象になった。そのうちの一人、ディエゴ・マラドーナは、前述でいう「3人目」の選手だった。

結果は陽性で、マラドーナは大会からの即時追放と、その後15カ月の出場停止処分および罰金を受けることになった。

スマホのお祝いメッセージ

抽選の立会人をした両チームのスタッフは、試合終了とともに、検査対象の選手を迎えに行く。選手本人は、そのとき初めて自分が選ばれたことを知る。そして、ピッチ上から直接検査室に入ることになる。

選手が、検査担当者と90ccの尿を採取している間、各チームのスタッフは、書類に漏れがないよう目を通す。ドーピング検査に当たった選手は、「過去1週間にどのような薬やサプリメントを使ったか」を申告しなければならない。ロシアワールドカップでは、血液検査も行われた。

FIFAは、決勝戦を前にして、ここまですべてのドーピング検査が「陰性判定」であったことを発表した。そして、「ロシアでのワールドカップは、ドーピングと無縁の大会だった」と、あらためて強調した。

「競技会外ドーピング検査の始まった1月から、本大会の準決勝まで、2037回の検査を実施し、全3985個のサンプルのうち陽性と判定されたものは、1つもなかった」

さて、ドーピング検査に向かう選手たちの様子だが、たいていの場合、いや、ほとんどの場合、スマートフォンをいじっている。同伴している私は検尿前に「とりあえず水を飲みなさい」「書類を書きなさい」と何度も言うのだが、聞いてもらえないこともある。勝った試合の後などは、特にそうである。お祝いのメッセージがたくさん来ているのであれば、それはしかたがないのであるが……。

抜き打ち「競技会外ドーピング検査」

競技会外ドーピング検査は、「クリーンなアスリートのみが競技会に参加できる環境をつくり、彼らの権利を守る目的」で行われる。いわゆる抜き打ちテストで、検査担当者が、選手の練習場所や宿泊施設に予告なしに訪れる。

あらかじめ選手の居場所情報を提出し、朝の5時から夜23時の間で「検査に対応できる60分」の時間枠を指定する。選手はその時間には、必ずその場所にいなければならない。

FIFAの大会の場合は、FIFAから検査担当者が派遣される。

ロシアワールドカップのときは、3月のベルギー遠征時の早朝の7時に、5〜6人の担当者が宿泊ホテルに訪れた。

そこで、23人全員の血液検査と尿検査が行われるわけだが、まずは、選手が自室で排尿を済ませてしまわないよう、スタッフ総動員で連絡を回す。その後、ホテル内に設営された検査室で、次々と検査が行われた。

競技会外検査でも検査からさかのぼって1週間以内に使用した薬とサプリメントの申告も義務づけられている。

第3章 スポーツドクターとは

Doctor to
the SAMURAI BLUE
Japan National Football Team

Chapter 3

スポーツドクターになるには

私は、専門は放射線診断学だが、スポーツドクターである。

どうすればなれるのか、現在の一般的なルートを参考に、順を追ってみたい。

まず、大学の医学部の医学科に入学する。そこで6年間勉強し、「医師国家試験」を受ける。時代が違うので私の頃とは異なるが、現在は国家試験に受かると、医師として研修をする病院や大学の医局を決める。臨床医としての基本的な診療能力を身につける前期（初期）臨床研修という期間で、2年間ある。その間は「研修医」と呼ばれる。

その後、高い専門性の獲得を目的とした後期臨床研修に進む人もいる。期間は専門によって違うのだが、おおむね3～6年で「専攻医」と呼ばれる。義務ではない。その期間が終了し、資格試験に合格すると「専門医」となる。

日本での「公認スポーツドクター」の資格取得には3種類ある。

一つは、「日本医師会」認定のスポーツドクター。研修医でも、講習会を受講し資格を取得できる。講習会は前期後期合わせて4日間である。

もう一つは、「公益財団法人日本スポーツ協会」認定のスポーツドクター。4年以上の臨床経験を持つ医師に対し、受講と審査を経て認定される。ただし、加盟団体（都道府県体育協会、中央競技団体など）より推薦を受け、日本スポーツ協会が認めた者しか受講できない。単位取得には最低2年間かかる。私は、この日本スポーツ協会認定のスポーツドクターである。

そして、「日本整形外科学会」が認定しているスポーツドクターがある。こちらは、整形外科専門医にのみ取得資格がある。学会への出席と多くの研修が必要になる。

すべての資格を取得するドクターもいれば、一つのドクターもいる。それぞれに特徴があり、重なっている受講内容は免除される。いずれの場合も、認定有効期間が決まっている。

3つの分類

私たちスポーツドクターの仕事は、大きく3つに分類される。

まずは、「競技会を運営する側」につくドクター。ワールドカップならば国際サッカー連盟（FIFA）の大会ドクターとして、現地のメディカルサポートをコーディネートしたり、ドーピング検査を担当したりする。

次に、「クラブチームや代表チームに帯同する」スポーツドクター。現場での診療、ケガや病気の予防、コンディション管理など、本書に出てくるような仕事だ。

そして、もう一つが「病院やクリニック」で選手を受け入れ、治療や手術をして現場に送り返すドクターである。

これら3タイプのスポーツドクターは、いくつかの立場を兼任することが多い。

私の場合、FIFA、アジアサッカー連盟（AFC）、日本サッカー協会（JFA）のいずれの医学委員でもあるので、大会運営側の仕事を任されることがある。また、日本代表チームやなでしこジャパン、オリンピックなどの日本選手団のドクターとして現地に帯同することもある。

そして、国立スポーツ科学センター（JISS）所属のスポーツドクターなので、ふだんはJISS施設内のクリニック（スポーツメディカルセンター）で内科医としてアスリートの診療をする。

スポーツドクターの組織での位置づけは、それぞれに違ってくる。病院であれば、「病院長」がトップで、その下に医師という指揮系統になる。チームに帯同するスポーツドクターの場合、トップは「監督」である。医師は他のさまざまな仕事をするスタッフと同じ位置づけになる。

大会組織の中にいれば、当然「主催者組織の会長」がトップということになる。

女性アスリートへの支援「結婚・出産」

私はスポーツドクターとして、「女性アスリートへの支援」という取り組みをしている。医学的なことはもちろんのこと、機会をつくっては、「人生プランと競技生活」の両方を考えていく必要性を、選手たちに話している。

現代では、スポーツ全般において競技生活が長くなっている。その理由は2つあって、一つは、競技自体を幼いうちから始める人が多くなったこと。そして、もう一つは、予防医学の発達である。ひと昔前に比べて、深刻なケガや病気で引退する選手は少なくなった。

そうなると、30歳を過ぎても第一線で活躍する選手が出てくる。

「競技を続けながら、結婚して、子どもも持ちたい」

そう考える選手も少なくない。ただし、引退してからゆっくり考えるのでは遅いのである。

結婚・出産といったライフイベントは、予期できないケガなどと違って、十分に計画が可能だ。アスリートは競技だけではなく、自分の人生もしっかり考える自立した人間でないと、引退後のキャリアに困ることになる。

子どもを産んでからの競技復帰も、可能性としてはある。

やはり計画は早いほうがいい。復帰を考えるのなら、大会後にすぐ妊娠して出産するなど、次の大会に備える計算も必要になる。

妊娠・出産による体力の衰えも考慮しなければならない。お腹に子どもがいる間はトレーニングが十分にできないので、当然体力は落ちている。また、その間に自分自身も「加齢」で衰えていることを忘れがちだ。選手たちは、「出産が終われば元の体に戻る」と考えるようだが、実際には、トレーニングするレベルにすらないことが多い。

それに気づいて早期に競技復帰してもらえるようなサポート体制をつくっている。その結果、無事に競技復帰を果たす選手もいる。

女子選手の月経コントロール

女子選手のメディカルチェックでは、男子にはない「＋α」の問診項目がある。月経が始まったのはいつか、終わったのはいつか、生理痛で困っていないか、などだ。問診項目には、

「月経周期を調整したいと思うか？」

「ずらせることを知っているか？」

といったものも加えている。

意外に思われるかもしれないが、月経コントロールを知らない選手がかなりいる。なるべく教えるようにはしているが、なかなか個別に時間が取れない。そこで、JISSでは問診票を教育ツールとして活用している。

「生理をずらしたければ、低用量ピルでコントロールすればいい」

たとえば、大会が1カ月間にわたるようなとき、周期によっては2度の生理がくる。そういった場合、その期間にピルを飲み続ければ生理は来ない。最近の薬は用量が少なく、副作用もほぼない。ピルが使いづらい時代ではなくなっているのだ。ドーピング違反でもない。

生理痛の問題は、「体調にどのような変化が起こるのか」を、本人がきちんと把握する必要がある。痛み、だるさといった自覚症状は、月経周期に合わせて、毎月ほぼ同じタイミングで起こる。そこに問題がある選手は、大会期間に合わせて周期をコントロールすればいい。なので、私たちに前もって相談してくれるよう伝えている。

かつては、表立って話すことのなかったこの手の問題だが、ごく自然な生理現象であり、治療方法も確立されている。

無月経が引き起こす疲労骨折

体重を落とすことが求められるスポーツを続けていると、無理なダイエットと同じで栄養不足になり、体が生存に直接影響のない生殖機能をストップさせてしまう。心臓や肺、脳といった重要な器官を最優先させる反応だ。脳からのホルモンが減少し、結果、生理が止まってしまうのである。

女性ホルモンは、骨の代謝に関係している。無月経になることで骨量が減少し、骨粗しょう症を引き起こす原因にもなる。アスリートにとって疲労骨折は致命傷になりかねない。

陸上の長距離、新体操、体操、フィギュアスケートといった競技が、特に無月経の多い競技として挙げられる。特に新体操やフィギュアスケートは、審美系であることに加えて、その競技性で痩せている選手が多い。

最近は、体脂肪率よりも、「ＢＭＩ（Body Mass Index）」と呼ばれる「ヒトの肥満度を表す体格指数」で、その関連を見るのが一般的だ。ＢＭＩは、体重と身長の関係から算出される。計算式は次のようなものだ。

ＢＭＩ＝体重kg÷（身長m×身長m）

ＢＭＩ＝22（kg／㎡）が標準で、25（kg／㎡）以上を肥満としている。無月経の割合が高いのは、18・5（kg／㎡）未満の「痩せ形」である。

無月経は、重症化して治りづらくなるため、長期間続くと将来的に妊娠しづらくなるケースもある。早い段階で手を打つ必要がある。

「女性アスリートの17歳は鬼門だ」

私は、このことばについて取材を受けたことがある。女子選手自身が言うらしい。17歳というのは目安で、女性にとって必要な脂肪がつくことで体つきが変わってくる年頃である。すると、それまでできていた動きができなくなる。第二次性徴期を乗り越えるところが、17歳に代表される年頃の女性にとっては難しく、一つの関門になるのであろう。

「性分化疾患」に対する課題

オリンピックをはじめとする国際大会が近づくと話題にのぼる、デリケートなテーマがある。「性」にまつわる疾患についてだ。

南アフリカの女子陸上代表、キャスター・セメンヤ選手のケースをお話ししたい。彼女はロンドン五輪、リオデジャネイロ五輪800メートルの金メダリストだ。他の主要な世界大会でも金メダルを取っている。

彼女の「性別」をめぐって、世界中のマスコミが騒ぎ立てたことがあった。セメンヤ選手の肉体が、他のどの女子選手よりも逞《たくま》しく、顔つきもどこか男性的で声も低かったため、のべつ興味本位の報道に終始した。種目は女子800メートルで、記録は圧倒的だった。

対戦した選手の抗議から始まり、セメンヤ選手は性別検査を受けることになったのだが、そこでわかったのは、「テストステロン」という男性に多く分泌されるホルモンの値が、平均的な女性の値を大きく上回るものだった。

彼女は女性なのか、男性なのか。

「性分化疾患（disorders of sex development/DSD）」という病気がある。ヒトが性別を決定する性分化のプロセスで、何らかの問題が生じると、性染色体、性腺（精巣・卵巣）、内性器、外性器が、先天的に非典型的な状態をとることがある。わかりやすく言うと、男性か女性かを決める特徴が、あいまいになるのだ。

母親のお腹の中にいる胎児は、およそ7週から12週の間に、3段階で性分化する。はじめに性染色体の男性型（XY）か女性型（XX）で「遺伝的な性」が決定する。次に、その性に基づいて性腺が発育する。最後に、男女それぞれに特徴的な内性器や外性器がつくられる。

性分化疾患にはさまざまな症状がある。たとえば、男性の外性器はないが、卵巣と子宮もない。体内には精巣が残されていて、テストステロンを出している。この場合、もしテストステロンに影響を受ければ、筋肉量も増えるし、骨格は男性的になる。運動能力が高く、スポーツ界に進出してくる可能性がある。

国際陸上競技連盟は、2018年4月に次のような新規定を発表し物議をかもした。

「テストステロン値が高い女子選手に対して出場資格を制限する。ただし、投薬によって基準値を下回れば出場を認める」

新規定は、女子の400メートルから1600メートルまでの距離の各レースに限られ、2019年11月1日から適用される、という。

私には、この規定はさまざまな問題を置き去りにしているようにみえる。

まず、治療を強制することが、はたして倫理的に許されることなのか。また、テストステロンが出ていても、影響を受けない体質もある。ホルモンを受け取るレセプターという物質が、反応しないタイプの人が存在するのだ。その場合、何も影響されていない体に投薬することになってしまう。

現在、性分化疾患は、約60種類以上の症候群・疾患群を確認し、出生は5000〜6000人に1人の割合といわれている。

「今後、性分化疾患のアスリートに対して、どのような対応を考えていくべきか」

「若くして病気がわかったときに、どのようにスポーツに参加させればいいのか」

セメンヤ選手のケースでいうと、本人の意識のなかでは「女性」として生まれ育っているわけで、精神的なケアも課題になってくる。

これは、陸上だけの問題ではなく、またスポーツだけの問題でもない。非常に繊細な問題であり、選手のプライバシーを守っていくことも、医師としてきちんと取り組むべき問題と私は考えている。

医科学的なエビデンスが少ないなかでの世界陸連の新規定決定に、セメンヤ選手を含む何人かの選手がスポーツ仲裁裁判所（CAS）に撤回を求め異議申し立てをしていたが、2019年5月1日、CASはセメンヤ選手らの訴えを退けた。この裁定を受け、国際陸連は同月8日から新規定を適用すると発表した。

CASは新規定を「差別的」と認めたうえで、国際陸連の主張する「女子選手の公平性を守る」という目的のために必要であると結論づけた。

このCASの裁定に対し、セメンヤ選手はスイス連邦最高裁判所に上訴したが、7月30日に再び訴えを退けられた。そのため、2019年9月末からカタールのドーハで開催される世界選手権での800メートルへの出場を断念することとなった。一連の裁判は、東京オリンピック・パラリンピックにも影響する事案である。

セメンヤ選手は、「生まれながらにしてテストステロン値の高い女子選手の人権のため、私は闘い続ける」と堅い意思を表明している。

第4章 サッカーと私

Doctor to the SAMURAI BLUE

Japan National Football Team

Chapter 4

「自分史」スポーツドクターを目指して

少し、わたくしごとを。

土肥家のなかに医学関係者はいない。親戚にも見当たらない。突然変異であるらしい。

両親と姉が2人。中高一貫教育の私立高で学んだ。そこで、英語の代わりにフランス語を選択したことが、後々役に立つことになるのだが、それはずっと先の話である。サッカーにはさほど興味はなく、それでも、運動神経はいいほうのスポーツ少女だった。6年間バスケットボール部である。

千葉大学医学部の卒業年度には、すでに将来の道は決めていた。

「スポーツ医学の一択」

「スポーツドクターになること」

ところが、当時日本の大学にはそのような科は存在せず、比較的近いところで、スポーツ整形外科か運動生理学しかなかった。また、スポーツ医学に関する本もほとんど見当たらなかった。

次にスポーツ医学が学べる大学病院を模索したが、研修医になるにしても、整形外科か循環器内科、呼吸器内科といった診療科で経験を積むほか道はないように思われた。

「より現場に近い、競技にかかわる医療」

そう考えていた私にとって、気持ちとはかなり隔たりのある選択肢だった。

また、女性医師が外科系の科に進むというのは、今よりもさらにハードルが高かった。大学で医学を学ぶのさえ風当たりが強い時代。同学年の医学生120人中、女子学生は20人。そのうちの一人が私だったのである。

「恩師」との出会い

ここで、私の人生に大きな影響を与えてくれた人物との出会いがある。

大畠襄《のぞむ》先生は、日本の医科系大学では初の「スポーツ外来部」を設立された人物である。ご自身もサッカー選手としてプレーした経験を持ち、70年代からサッカー日本代表にチームドクターとして帯同していた。三菱重工サッカー部（後の浦和レッズ）では、日本初のクラブチームのドクターにもなった。

「サッカーチームには、必ずスポーツドクターを帯同させるように」

そう提唱し続けた人物で、まさに、パイオニア中のパイオニアである。

医学生だった私は、友人の紹介で先生の研究室を見学させてもらうことになった。

東京慈恵会医科大学は、この頃すでにスポーツ外来を開設しており、ありとあらゆる科の医師が働いていた。今後の専攻を決めかねていた私は、幸運にもそこで「放射線科」という選択肢を見出すことになる。そのきっかけをくれたのが、大畠先生だった。

「どの診療科に進むにしても、診断は医療の基本。診断ができないと治療へは進めない。頭から足先まで勉強する放射線科で、画像診断を学ぶのはどうだろうか」

先生は、そうおっしゃられた。

千葉大学医学部を卒業し、医師国家試験に合格した私は、東京慈恵会医科大学で2年間の研修を経て、同大学の放射線科に入局した。

東京慈恵会医科大学では、「放射線科がすべての診療科の画像診断を担当する」という画期的なシステムであった。各診療科が診断から治療まで一貫して行う大学にいた私にとって、このシステムは非常に新鮮で、これからの放射線科のあるべき姿だと直感した。

フランス留学中の上司と著者

また、MRI（磁気共鳴画像法）装置が全国の大学病院に設置され始めた時期とも、ちょうど重なった。

筋、靭帯、腱、骨髄の様子が多断面で観察できることは、「今後スポーツ外傷・障害の診断を飛躍的に改善させるだろう」と胸が高鳴った。大学時代にかじった程度のMRIによる画像診断は、その医療システムと同時に、非常に衝撃的なものだったのである。

「この先、スポーツ界に進むにしても、医師として何か得意分野がなければやっていけない。ならば、私は放射線科で専門医になろう」

こんなモチベーションも湧いてきた。

「おそらく、放射線科医のスポーツドクターは、一人もいない」

大畠先生は国際サッカー連盟（ＦＩＦＡ）のスポーツ医学委員で、アジアサッカー連盟（ＡＦＣ）では医事委員長を、日本サッカー協会（ＪＦＡ）でも医学委員長を歴任されていた。また、ＦＩＦＡワールドカップでは、90年イタリア大会から5大会連続で、「医学管理とドーピングコントロール」の指揮をとられた。その兼ね合いで、私もいくつもの現場経験をさせていただいた。

大畠襄先生は、２０１０年に日本サッカー殿堂に掲額されている。

私個人は、その後のフランス留学を経て、東京慈恵会医科大学附属病院勤務・結婚・出産・子育てのなかで、１９９７年に放射線科の専門医になる。

この頃から、ＦＩＦＡやＡＦＣの仕事が少しずつ増えていった。「女子サッカーの大会で、ドーピング検査をする女性医師が欲しい」とのことだった。

国立スポーツ科学センター

現在、私が所属しているのは、国立スポーツ科学センター（ＪＩＳＳ）である。ここに来た経緯は、もう一つの運命的な出会いが関係している。

前述の大畠襄先生の手伝いで、世界陸上のメディカルルームでボランティアをしたことがあった。研修医1年目の夏である。

メディカルルームには、チームドクターのいない競技団体の選手たちが治療に来ていた。「ちょっとお腹が痛い」とか「熱がある」といった症状を診てあげる診療室である。そこに、日本陸連のドクターが視察に来られた。後にＪＩＳＳのセンター長になられる、川原貴先生である。

川原先生の専門は循環器内科で、当時はスポーツ医学の研究をしながら、スポーツドクターとして活動されていた。先生は、私のこれからの進路にも興味を示してくださった。

それから10年が経った、ある日のことである。

私はスポーツドクターの公認ライセンスを取るために、日本体育協会（現日本スポーツ協会）の講習に通い始めた。そこで、偶然にも川原先生が講師をしていらしたのだ。先生は、その年に開所したばかりのＪＩＳＳで、スポーツ医学研究部長をされていた。

その再会がきっかけで、私は大学病院勤務と並行して、ＪＩＳＳの非常勤として働くことになったのだ。ＪＩＳＳにもＭＲＩが入ったばかりで、放射線科医としてこれほどのタイミングはなかっただろう。

その年に医学博士号を取り、2003年にはスポーツドクターのライセンスも認定された。JISSの正式な職員になったのは、2006年。「内科医」としてである。

川原貴先生は、2014年にJISSのセンター長に就任された。

2人の子どもと女医の環境

私が結婚したのは1996年、30歳のとき。翌年には長男が生まれた。子どもは年子で2人。両方男の子だ。

2人とも生後2カ月から保育園に預けた。当時住んでいた千葉県我孫子市には待機児童が少なかったのと、職場復帰を決めていたため、優先順位が高かったのである。また、2人目が生まれるときに、実母が同居することになったのは、仕事を持つ身として、かなり恵まれた環境であったと言っていいだろう。

この頃は大学病院の分院に勤務しており、病院と自宅は電車で一駅。保育園も近所だった。

朝は8時半に出勤し、診察は頑張れば5時に終われた。保育園へのお迎えはそれからでも十分間に合うので、実はそれほど大変ではなかった。いろいろな意味で恵まれていた。スムーズに職場復帰もできたし、仕事も続けられた。

今も問題になっている医学部入試のことを考えると、ふと思い出すことがある。

あれは、私が医学部の3年に上がったときのことだった。

「女子学生諸君」

学部長の祝辞は、明らかに女子学生に向けられたものだった。

「医師になった以上、特別な理由がないかぎり、決して辞めないでいただきたい。ここにいる一人ひとりを医師にするために、非常に多くの税金が使われているのだから」

当時の私にはピンとこない話だった。なぜなら、男子学生よりも女子学生のほうが、明らかに覚悟をもってこの場に立っているような気がしたからである。時代も時代で、相当な狭き門でここにたどり着いている。

「簡単に辞める人などいるわけがないだろう」と私は思った。

ところが現実には、結婚や出産で仕事を続けられずに辞めていく女性医師がかなりいたのである。

社会全体からしても、一人の医師が辞めてしまうという損失と、現場も代わりの医師をすぐには見つけられないというジレンマが、切実な問題として横たわる。

問題の根幹にある部分で、「女性が働く環境が整わないかぎり、やはり女性医師が仕事を続けるのは非常に困難を強いられる」ということである。

夫と私のスタンス

夫、田嶋幸三と出会ったのは1994年である。ダラスカップでアメリカ遠征に帯同したときで、彼が団長、私がジュニアユースのチームドクターだった。接していて「価値観が近い」と感じた。

私は、結婚後も仕事を続けるつもりでいたので、出産後はすぐに現場復帰した。子育ては、周りの協力を得ている。

夫と「近い」職場にいることについてだが、まるで気にならないというわけではない。周囲にいろいろ言われることもある。ただし、結婚前からサッカーの仕事にかかわっていたので奥さんだからという感じではない。

私たち夫婦は、互いのプロフェッショナルな領域には立ち入らないことにしている。世間からはそう見えないであろうことは想像に難くないが、ここは「本人たちがわかっていればいい」と開き直っている。

代表のチームドクターとして、選手の情報を話すわけではないし、夫もしかりだ。たとえば、ハリルホジッチ前監督の契約解除の話も、私は他のスタッフとほぼ同じタイミングで知った。「これから話しに行く」と夫が家を出るときには、多少耳には入れていたが、もちろん、そのことで相談されることは一切なかった。

互いに、職業として理解できる部分と、逆にできない部分がある。たとえば、医師としての専門的な愚痴を夫にこぼしたところで、まったくわからないであろう。門外漢だ。

「遠征中にはこんなケアをするのよ」というくらいなら、多少理解している部分もある。

私に関していえば、もし選手からの苦情が出た場合には、このポジションを退くべきだと考えている。幸いにも、いまのところそのような話は耳にしていない。

「会長に言っといてくださいよ」

「自分で言いなさい」

選手たちとそんな会話になるときがある。冗談の範疇《はんちゅう》だが、別に言うつもりもない。正直、忙しくて夕飯もいっしょにとっていないくらいだ。出勤時間は違うし、外ですれ違うこともある。空港ですれ違ったこともある。それがうまくいく秘訣なのかもしれない。

負けず嫌いの「インサイドキック」

選手との心理的な関係は、近すぎてはいけないと言われる。これは、チームドクターだけでなく、日本代表スタッフ全員が意識しているところでもある。

ところが、一歩引いた接し方をする機会が多いせいか、つい自分の息子たちを同じように扱ってしまうことがある。彼らがほんの子どもの頃からである。

親が度々家を空けるせいか、息子たちはけっこうしっかりしている。私が言うのも変だが、かなり前から自立している。だからというわけではないが、「大丈夫よね」という線引きを見誤るときがある。

あるとき、やはりそういう対応をしたらしく、子どもが訴えてきたことがあった。

「僕はまだ14歳なんだけど……」

「あ、そうだったね」

息子たちには、高校のときに海外留学をさせている。

そこで本人たちが苦労したのは、後になって聞いた。それでも、帰国した彼らがとてもしっかりしていて驚かされたものだ。引っ込み思案な長男までもが、ちゃんと社交的になっていたのだ。

国外でサッカーすることについては、親はまったく強要はしていない。話があったときに、「行きたいか？」とは聞いたが、本人の意思に任せた。言葉もできたので、それほど心配はしなかった。

すっかり大人になった息子たちからは、たまにボールの蹴り方を習う。

面倒くさがってなかなか相手にしてくれないが、交換条件を出して教えてもらう。つい先だっても、正しい蹴り方を習った。ボールを足でネットに入れるところまではできるようになった。

選手たちの前では絶対に蹴ることはない。たまにボール拾いもするのだが、蹴るところは見せない。すごく短い距離のインサイドキックならば、たまにやる。でも、ほとんどは手で転がして返している。

子どもに習ったインサイドキックは、毎日、何百回と練習してここまでできるようになった。家の中では小さいボールを使っている。小さいほうが難しい。正確に、右ばかりを練習している。大きいボールは重くて、蹴れているようで蹴れていない。まだまだだ。

(本当はやりたいのだ)

ちょっと驚かせるくらいにうまくなって、ピッチ上でロングキックの一発くらいは蹴ってみたい。

やっぱり元々サッカーをやっていないので、ボールとの位置関係がうまくいかない。

こんなにトップの人たちが周りにいるのだから、言えば2~3回くらいは蹴り返してくれるかもしれない。それまでは、家で特訓をする。

内科系と外科系の分類「その持論」

私がＪＩＳＳの職員になるにあたって、内科医の枠というのに抵抗した経緯がある。昔からのこだわりがあってのことだった。

非常勤の放射線科医としてＪＩＳＳに通っていたときに、内科医の枠が空いた。そこで、「内科系のスポーツドクター」として誘いを受けたのだ。

ありがたい話ではあるが、心にモヤモヤするものがあった。

「内科系、外科系というのは、本来のスポーツドクターにはないはずで、そこに線引きをしているところに行くのは、自分の考えを曲げるようであまり前向きになれません。しかも、専門は放射線科医なのだし……」

私のなかでのスポーツドクターの仕事は、プライマリ・ケア（primary care）に近い。その名が示すとおり、あらゆる初期段階の医療を行うことである。すべての臨床医に必要な能力とされ、アメリカなどでは、プライマリ・ケアを専門とする医師を「ジェネラリスト（総合診療医）」と呼ぶ。

ジェネラリストは、まず患者を診察し、もし深刻な症状ならば、次の段階として各専門医に回す。専門医の診療はセカンダリ・ケア（secondary care）と呼ばれる。これらのコーディネーションもジェネラリストの仕事である。多くの場合はプライマリ・ケアの診療で解決される。

海外のスポーツの現場に多いのは、体調不良や負傷した選手が出たとき、スポーツドクターは自分の専門にかかわらず診察をする。そこに内科・外科の線引きはない。そして、その症状いかんでは、外部の専門医に回すというシステムになっている。前述のプライマリ・ケアとセカンダリ・ケアの関係に非常に似ている。

もちろん、世界に名だたるサッカークラブや、アメリカでもＮＢＡやＮＦＬともなれば、また話は違うかもしれない。でも、本来はケガでも感染症でも診療するし、アンチドーピングの仕事もする。これがスポーツドクターのあるべき姿だと私は思っている。

私の話をずっと聞いていた内科の先生が、こう応えてくださった。

「君の言うとおりだ。ＪＩＳＳは形式的には内科系、外科系と分かれているけれど、それを含めて、日本のスポーツ医学のあり方はまだまだだから、今後そういう意識でやっていけばいいのではないか」
この言葉があったからこそ、内科医としてＪＩＳＳに所属することになった。

第5章 ロシアワールドカップの記憶

Doctor to
the SAMURAI BLUE
Japan National Football Team

Chapter 5

いざロシアへ「チャーター機の中」

オーストリアでの直前合宿を終え、いよいよロシアに乗り込む。日本代表にとって6度目になるワールドカップだ。

2018年6月13日昼過ぎ。インスブルック空港からベースキャンプのあるカザンへは、チャーター機で4時間のフライト。成田を発ったときと同じように、国をまたぐ場合は、日本代表の「オフィシャルスーツ」着用と決まっている。

ダンヒルの揃いの紺のスーツを着る。

選手と監督だけではない。日本サッカー協会（JFA）のスタッフはもちろんのこと、コーチ陣やメディカルチーム、エクイップメント、シェフ、外部から派遣されているセキュリティ、輸送ス

チャーター機に乗り込む選手たち

タッフ、その全員が、日本代表の一員として、同じ「勝負服」を身にまとう。

そして、私も同じく、ダンヒルのオフィシャルパンツスーツで襟を正した。


いつも機内では、前のほうから監督、コーチ、スタッフがいて、メディカルはその後ろ。最後に選手たちが陣取る。チャーター機なのだから、どこに座ってもかまわないが、なんとなく席順は決まってくる。選手たちは、横3席を1人で使う。

席に着くと、いっせいに着替え始める。

「席では着替えないように」

機内には女性乗務員もいるので、前もって言ってあるのだが、おかまいなしに脱ぎ出す。ビジネスクラスは隠れるスペースもあるし、トイレの前にはカーテンもかかっている。それでも席で着替える選手が多い。スタッフのなかにもいる。あっという間に、全員が半袖ジャージ、サンダル履きになる。

私はもちろん、ちゃんと化粧室で着替える。そこは乗務員の方も気を使ってくださる。

途中、数人でトランプをしたり、念入りにストレッチを行っている選手もいる。ブルーライトカットの眼鏡をかけ、エコノミークラス症候群を予防するタイツを履く、そんな準備に抜かりない選手も見かける。

私はたいてい映画を見ている。本も必ず何冊かは持って行くが、手荷物は少ないほうだ。私服も一着しか入れていない。最低限のものしか持っていないのは、昔からだ。飛行機での移動は、それほど苦にならない。

選手たちは降りる前にもまた、ごそごそと席でスーツを着出すのである。

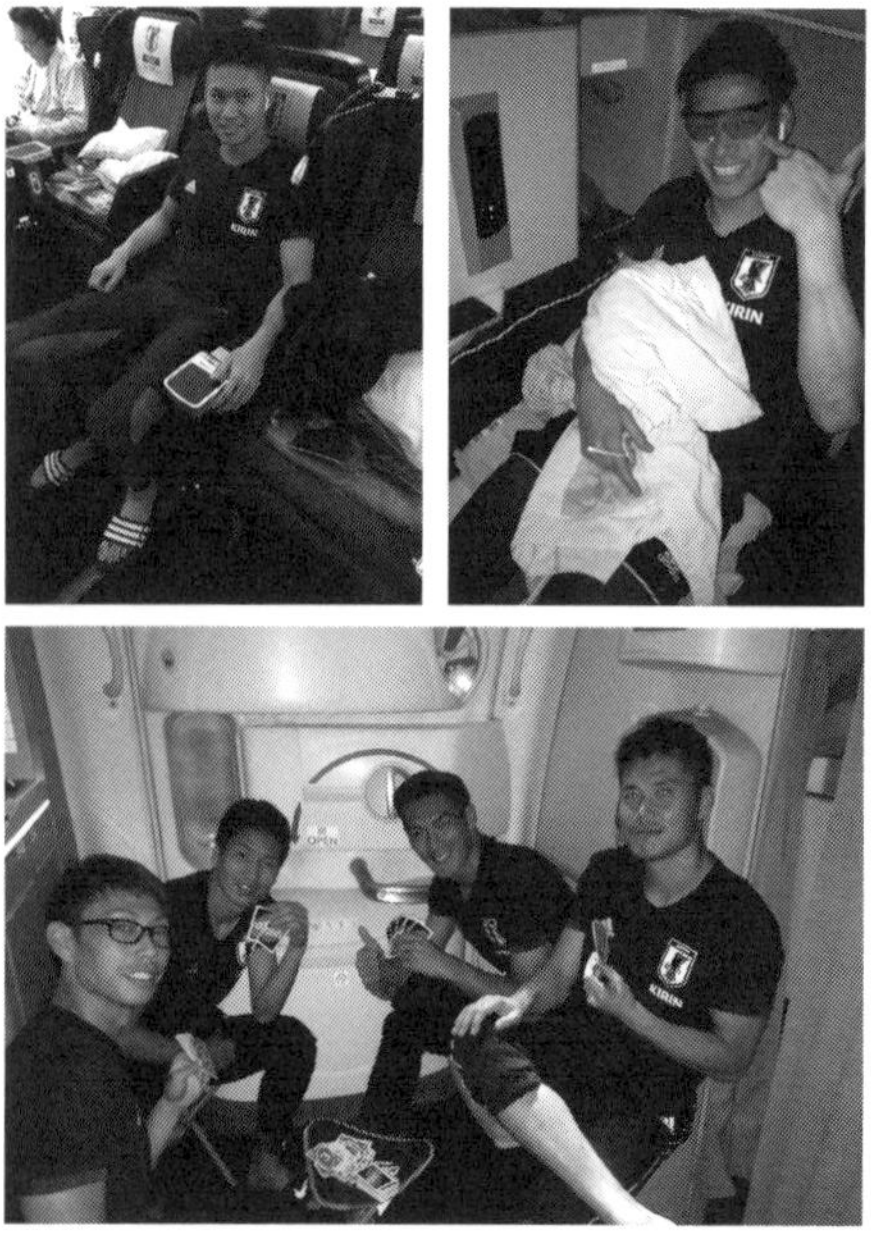

チャーター機の中でくつろぐ選手たち（上：中村選手。下：カード遊びをする乾選手、原口選手、槙野選手、川島選手）

ベースキャンプ「カザン」

カザンは、モスクワ、サンクトペテルブルクに次ぐ、ロシア第3の都市である。ロシア連邦を構成する共和国の一つ、タタルスタン共和国の首都で、ロシアとイスラムの文化が融合した都市として知られる。街のなかには教会とモスクが混在し、独特の調和を保っている。冬は氷点下10℃以下になるが、6月は温暖で、1年で最も過ごしやすい季節だという。

カザンのベースキャンプ前

日本代表がキャンプ地としたのは、ロシアリーグの強豪「ルビン・カザン」の練習施設。11ヘクタールの敷地内には8面のピッチがあり、クラブハウスや関連施設は2年前に改装されたばかりだ。

ロシア全般に言えることだが、近代以降の建築物は、色づかいにどこか寒々しい印象を持つ。このクラブハウスも例にもれず、ファサードは淡いベージュに茶、グレー、白といったカラーリングで、デザインも直線的でやや無機質だ。直前のキャンプがオーストリアのリゾートホテルだったせいもあって、私は少し味気なさも感じた。

もちろん、ホテルではないので華美である必要はないし、練習施設としては完璧以上と言えるかもしれない。むしろ、この無機質感こそが、「ロシアに入った！」と感じさせる風景なのだ。

メディカルルームはクラブチームが使っているのをそのまま使わせてもらった。診療ベッドも新しく、ケアに使う部屋もいくつかあった。

ルビン・カザンは、もともとお金のあるチームだが、さらにプラスして、ワールドカップ用に国の補助金が出ていると聞く。温水プールやジェットバス、美しいタイルが敷き詰められたトルコ風のサウナまであった。ロシアが同大会に威信をかけているのがうかがえる。

施設内にはロシア人従業員が50人くらい常駐している。

お料理を手伝ってくれる女性シェフ、空調など設備の問題をなんでも解決してくれるスタッフ、お掃除や洗濯を担当するスタッフ、そして寮長さんのような人もいた。ふだんからこちらで仕事をされているのだと思う。あまり英語は話さないので、身ぶり手ぶりでコミュニケーションをとった。

試合地へ出発するときは、みんなで見送りを。帰ってくると、やはりみんなで温かく迎えてくれた。心強い味方である。私はといえば、「スパシーバ（ありがとう）」は言えたのだが、最後まで「おはようございます」が覚えられなかった。

地元チームとの練習試合でドリブルするU19日本代表の久保選手＝ロシア・カザン（写真／時事）

カザンのベースキャンプでは、「U19サッカー日本代表」も合宿に来た。彼らはトップチームのトレーニングパートナーとして、試合形式の練習に参加することもある。ルビン・カザンのユースチームとも試合をしたようだ。ふだんの練習は、敷地内の別のグラウンドを使っていた。

ユースには、ユース帯同のメディカルチームがいる。ふだん電話やメールでのやりとりはあっても、同じタイミングで、同じ場所にいることはめったにないので、しばしば情報交換などもした。

スタッフにとってもいい機会になった。

U19の選手たちは、コロンビア戦とセネガル戦の2試合を生観戦した。貴重な体験になったはずだ。カザンから試合会場までは、長時間の陸路移動で、帰りはトップチームのチャーター機に便乗した。飛行機だと、スタジアムを出てから2時間ほどで宿舎に戻れる。

このなかの何人かは、いずれトップチームに上がってくることになるのだろう。

メディカルチームの「一日」

7時半、タブレット端末によるコンディショニングチェックが、朝いちばんの仕事になる。選手たちが起きてくる30分前には、問診用のタブレット端末や体重計の準備をする。心拍数は各自部屋で測らせるため、前もって指にはめる小さな測定器を全員に配ってある。

8時には選手たちが食堂にやってくる。

同時間帯に、ケガなどで毎日のチェックが必要な選手を、外科担当のドクターがメディカルルームで診察する。そこには、チーフアスレティックトレーナーも同席する。メディカルチームは、食堂とメディカルルームのふた手に分かれて仕事をすることになる。

選手たちは、タブレット端末への入力や診察が終わった順に食事をとる。メディカルチームは、すべての入力確認と診察を終えた、8時半頃から朝食をとる。

9時半、選手たちが食堂から引き揚げるのを見計らって、監督とテクニカルスタッフに前夜のメディカルミーティングの内容を報告する。

10時半あたりから、アスレティックトレーナーによるケアがスタート。全員ではなく、必要な選手だけである。食堂の入り口に希望者のための「予約表」が置いてあり、名前を書き込めるようになっている。午前中と夜、ともに8人の枠がある。

マッサージや電気、超音波などの治療が行われ、その間、チームドクターは治療中の選手たちから話を聞いたりする。

12時半には、お昼ご飯。

その後はいったん休息。各々自由な時間を過ごす。

15時半に、再びメディカルルームをオープンさせる。夕方の練習に向かうための準備で、アスレティックトレーナーはマッサージや温熱療法、練習時に必要なテーピングを施したりする。選手たちは各人、ストレッチや筋刺激をしている。

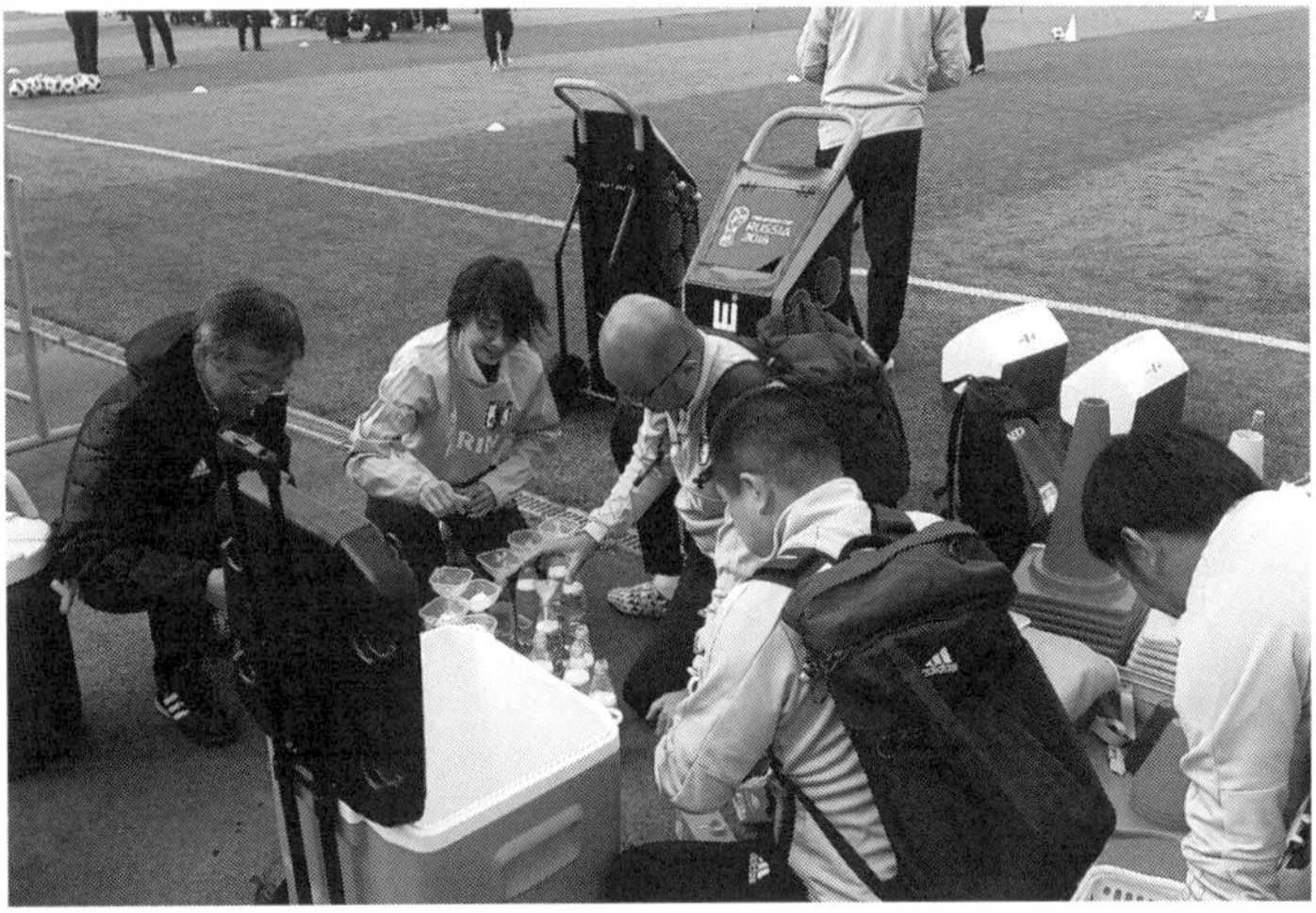

選手たちのドリンクを用意するメディカルチーム

お腹が痛いなど、体調のすぐれない選手にはドクターが対応する。そのほか、練習場に持って行く医薬品やタオル、AEDなどを確認。

16時半には宿舎を出発する。

17時、練習場では、まず暑さ指数（WBGT）を測定する。本番での参考にするためだ。飲み物の用意も手伝う。冷たい水や、冷たいのが苦手な選手のために常温の水も用意する。練習が始まれば、メディカルチームは選手たちの動きを注意深く観察している。そして、ケガや違和感があれば、即対応する。

19時、練習が終わって宿舎に戻ると、夕食までの間が、選手たちのお風呂タイムになる。ジャグジーには日本から持ってきた入浴剤を

上)アイスバスでケアする長友選手、酒井宏選手、川島選手
下)バスでケアする岡崎選手

入れる。

試合があった翌日は、出場した選手だけ交代浴をする。お湯3分、アイスバス1分の繰り返しで、アスレティックトレーナーはタイムキーパーになる。クライオセラピーをする選手もいる。練習中にケガをする選手もいるので、メディカルルームではドクターによる診療が行われている。

20時くらいから夕食が始まる。

21時には、メディカルルームをオープン。再びアスレティックトレーナーによるケアが始まる。この時間帯に、必要な選手は血液によるコンディショニングチェックも行われる。

23時半、メディカルチームとコーチ陣の合同ミーティングが行われる。ケガ人やトレーニングの情報を交換し、翌日のメニューを調整して、やっと長い一日が終わる。

丸テーブルと「ハリル」のこと

西野監督になって、代表の食堂が「円卓」に替わった。

6～7人用の丸テーブルがいくつか並んでいて、特に席が決められているわけでもなく、適当に座っていく。食事はいつ食べ始めてもかまわない。

ハリルホジッチ監督のときには、「長テーブル」を使っていた。スタッフ用のテーブルが一列。平行して、選手用のテーブルが一列。監督は、スタッフテーブルの誕生日席に座った。ちょうど、全員を見渡せる位置だ。

食事は全員が揃うまで始めない。みんなが席に着いたところで、キャプテンの長谷部選手がきっかけをつくる。

「じゃ、いただこうか」

するといっせいに席を立ち、食事を取りに行く。ビュッフェ形式なので、基本的には選手が先発で、少し並びが減る頃に監督、続いてコーチングスタッフ、メディカル、そして事務方、エクイップメント、総務がいちばん最後。

長テーブルだと、対面の選手とは話せても、隣同士や遠い席の選手との会話はできない。ましてや、列の違うコーチやスタッフ、私たちメディカルチームとも、食事が終わるまでひとことも言葉を交わすことはない。場所を移動する雰囲気でもなく、どこか厳かな食事風景といった感じだった。

丸テーブルになると、若手選手がベテラン選手のテーブルに行くようになる。やはり経験を聞きたいのであろう。急に食卓が騒がしくなった。

来られるほうも、出し惜しみすることなくなんでも話して聞かせる。

「ここの関係、お前らほんとに大丈夫なのか?」

その場で確認が始まる。試合に出る出ないにかかわらず、ベテラン組が率先して代表選手としての姿勢を見せるようになった。

ロシアワールドカップ本大会まで2カ月となった4月上旬に日本代表監督が替わり、チーム内に少なからず動揺が走ったのは事実だと思う。試合に勝てない状況で雰囲気がいいわけもなく、かといって「いまさら監督を替えるのか?」という空気もなくはなかった。

ただし、不安を表に出す選手はいなかった。そこはプロフェッショナルなのであろう。

それぞれ思うところはあるにせよ、ロシアに入る頃には気持ちを切り替え、前に進んでいるように見受けられた。まもなくロシアワールドカップが開幕する。

「ダンヒル」女性用スーツ問題

ダンヒルとサッカー日本代表のスポンサー契約は、2000年から続いている。英国を代表する老舗高級ブランドで、19世紀末に馬具専門製造卸売業としてロンドンで創業した。現在は紳士服を中心に、バッグや財布などのレザー製品、カフリンクスなどのアクセサリーなど、高級感あふれる男性向けアイテムを展開している。

日本代表のオフィシャルスーツは、合宿時にダンヒルのカスタムスペシャリストによって採寸が行われる。代表歴のある選手とスタッフは除いて、初招集組と新規スタッフが宿泊ホテルで一人ひとり測ってもらうのだ。

ここで一つの問題が浮上した。

ダンヒルは紳士服ブランドで、女性の「型」がないということがわかったのだ。

日本代表は、スタッフを入れて総勢50人を超える大所帯であるが、女性は私一人だけ。JFAの総務の津村さんが、何度も特別に作ってもらえるよう交渉してくれたが、難しいとの話であった。

予選リーグは、自前のスーツでアウェーの地に向かった。一人だけ違うものを着ているせいか、空港ではチームと別の出口に連れて行かれそうになったこともある。

最終予選が終わる頃、気にかけてくれていたハリルホジッチ監督がたずねてきた。

「ミチコどうなった」

「まだスーツを作ってもらえないのか？」

首を横に振ると、彼は驚いた顔をした。

それから少し経ったある日、「私のためのオフィシャルスーツ」が作られることになった。*

デザインは若干違うが、同じ生地で、裏には男性用と同じタグも入るという。ネクタイはしないが、ワイシャツも似た作りになる。

早速採寸してもらい、最後の最後に「日本代表・女性用オフィシャルパンツスーツ」が出来上がったのだ。

とてもうれしかった。ようやくチームの一員になれた気がしたのは言うまでもない。

後で知ったのだが、ハリルさんと津村さんが、再度ダンヒルに掛け合ってくださったらしい。

これには感謝のしようがない。

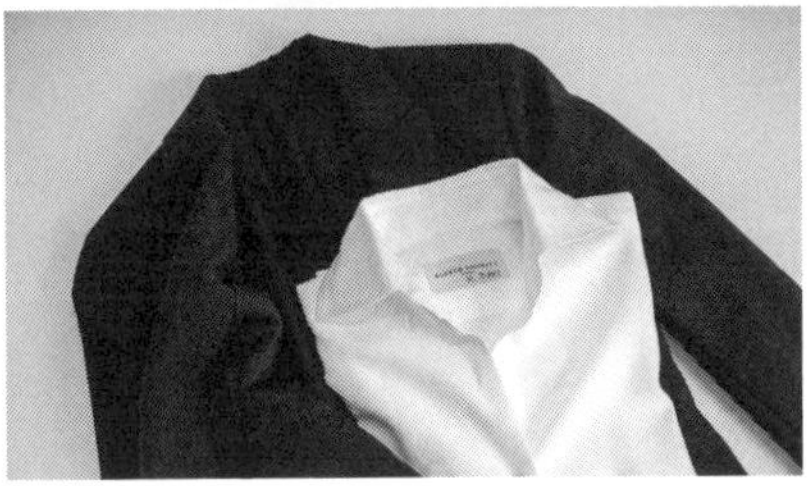

上）一同ダンヒルのオフィシャルスーツを着ての記念写真
下）作っていただいたオフィシャルスーツ

記念の集合写真には、私も違和感なく「日本代表の一員」としておさまっている。

ダンヒル社が、私の希望を受け入れてくださったことに、あらためてお礼を申し上げたい。

サランスクの狐と非常ベル

グループステージ初戦の「コロンビア戦」に向けて、開催地サランスクの空港に着いたのは、6月

＊ダンヒルでは、女性用メイド トゥ メジャーウェアの一般販売はしておりません。

17日夕方18時。ワールドカップのために増築されたというターミナルは、大会後には解体されるという。

サランスクは、ロシアワールドカップで試合が行われる11都市のなかで最も小さな町だ。モルドヴィア共和国の首都で、サランカ川とインサル川の合流点にあるヴォルガ盆地に位置する。人口は約30万人。そこに、モスクワから飛行機や寝台列車で、各国のサポーターが大挙して訪れる。日本代表が到着したときはコロンビアサポーターでいっぱいで、町中が「黄色」であふれていた。

そもそも、なぜこの街で開催されることになったのか?

開催地というのは、どの大会もそうだが、その国の政治的な理由で決まることが多い。FIFAのスタッフの話によれば、「サランスク出身者からオリンピックのメダリストが出て、それをプーチン大統領が高く評価した」らしい。調べてみると、たしかに何人かのオリンピアンがいる。

グーゼル・マニウロワ、レスリング女子75kg級。2004年アテネ五輪、銀メダル。2012年ロンドン五輪、銅メダル。2016年リオ五輪、銀メダル。マニウロワは、

2010年にロシアからカザフスタンに国籍を変更している。エレーナ・ラシュマノワ、20キロメートル競歩。2012年ロンドン五輪、金メダル。ラシュマノワは、世界記録保持者である。サランスクは、競歩の女子選手を多数輩出している。

試合会場の「モルドヴィア・アリーナ」は、インサル川の氾濫原に建てられている。もともとは大きな養鶏場があったそうだ。匂いが問題になっていたという。

中心地から徒歩圏内。楕円形の外観は、赤・橙・白のタイル模様が美しい。赤はモルドヴィア創世神話の「太陽神チパス」を表している。チパスが人間を創ったという。

橙は「サランスクの紋章の狐」。狩猟が盛んであったことから、3本の矢が放たれたオレンジ色の狐がシンボルになっている。町中には、いたるところに狐のモチーフが見られる。

このスタジアムでは、グループリーグの4試合のみが開催される。

その夜、宿泊先のホテルで非常ベルが鳴った。

午前2時頃だろうか。なにが起こったのかわからず、私はその場で待機した。館内放送はロシア語とおそらく英語で、立て続けに何かしゃべっている。一生懸命聞こうと思うが聞き取れない。ドアを開けて騒いでいる人もいるが、まったく出てこない人もいる。

ホテルに着いたその日というのもあり、非常時のことは特に決めていなかった。とりあえずスタッフからの連絡を待つと、間もなくして「関係ないらしい」とLINEが届いた。

その後も、非常ベルと自動音声の館内放送は続いていた。20~30分くらいだろうか。やがて眠りに落ちた。


西野監督は、深夜の騒動を「モーニングコールかと思った」と冗談でかわし、前日会見を大いにわかせていた。寝不足を訴える選手も特にいなかった。

私たちは、ここサランスクで狐につままれたのかもしれない。

試合前日の確認事項

試合の前日、各チームは1時間ずつ本番のスタジアムを使って公式練習をする。この練習は、試合とほぼ同時刻に行われ、気温や湿度、芝の状態などを入念に確かめることができる。

選手が練習している前後に、「マッチ・コーディネーション・ミーティング」というのがある。両チームのスタッフと、会場のジェネラル・コーディネーター、FIFA、レフェリー、マーケティング、メディアなどが集まって、ルールやユニフォームの色などを確認するのだ。

チームドクターは、FIFAの大会ドクターといっしょに、メディカルルームとドーピング検査室、救急車などをチェックする。メディカル・ビデオ・アナライシスの説明もこのときに受ける。

大会期間中の連絡事項は、主に夕食時に総務が発表する。同じ内容が、食堂入り口のホワイトボードにも記されるので、選手やスタッフは、そこでも各自確認する。

ワールドカップでは、試合が終わると、その日のうちにベースキャンプに戻ることが多い。その場合、こういった連絡がある。

「明日、試合前の軽食を食べる前に、カザンに持ち帰る荷物はロビーに、スタジアムに持って行く荷物は所定の場所に、〇〇時までに出しておくように」

スタジアムに持ち込む荷物は、スタッフがバンで運ぶ。ベースキャンプ行きの荷物は、先回りして飛行場に運ばれる。

試合後は、試合会場から前泊ホテルには立ち寄らない。スタジアムでシャワーを浴び、着替えて飛行場に向かう。片付けが苦手な選手は毎回大変そうである。

「出陣!」

試合当日は、90分前までにスタジアムに到着するよう、FIFAのレギュレーションで決められている。日本代表は、それよりちょっと早い2時間前に着くようにしている。警備上の問題を考えてのことで、スタジアムにはチームバスで向かう。

荷物隊は、それよりもさらに2時間早くスタジアムに向かう。エクイップメント2人と、メディカルチームからはアスレティックトレーナーが3人。計5人がバンで乗り付ける。

スタジアムに着くと、アスレティックトレーナーはまず「メディカルブース」を作る。マッサージベッドを並べ、テーピングを揃え、アイスバスのセッティングなどをする。ドリンクも作らなくてはならない。膝などを温めるホットパッドを使う選手もいる。用意はいろいろある。

エクイップメントマネージャーは、控え室のほうでユニフォームを並べている。ほかにもメディア担当など、いくつかの部門は先乗りして、バラバラに仕事を進める。

その頃宿泊ホテルでは、軽食の時間になる。うどんやおにぎり、サンドイッチといったエネルギー源になる炭水化物がメインだ。

その後、監督、選手、コーチ陣による戦術的なミーティングがあり、大事な試合の場合は、続けて全員ミーティングというロシアに来たすべてのスタッフが参加するミーティングが行われる。

全員ミーティングでは、「モチベーションビデオ」という、気持ちを上げていくためのビデオ上映会がある。コロンビア戦の前には、2014年のブラジルワールドカップの映像が映し出された。この部屋にいる何人かは、ビデオ映像のなかに自分の姿を見つけたはずだ。

あれから4年
ブラジルで味わった屈辱
忘れてはいない
その時心に決めた
この借りはロシアで返すと…

サムライブルーいざ出陣！

「出陣」というタイトルのついたこのビデオは、手倉森誠コーチとテクニカルスタッフの寺門大輔氏が制作している。チームの映像と音楽、そこに乗せた散文詩で構成されている。ロシアワールドカップでは、初戦のコロンビア戦と、グループリーグ突破のかかった第3戦ポーランド戦で、2種類用意されていた。

上映が終わると、それぞれの熱い思いを胸にバスに乗り込む。沿道には、ジャパンブルーと日の丸が揺れている。

「高円宮妃久子さま」と日本代表

高円宮妃久子さまが、コロンビア戦を観戦にいらした。

6月19日の初戦、サランスクのモルドヴィア・アリーナの貴賓席には、田嶋幸三・JFA会長、キングカズこと横浜FCの三浦知良選手も列席している。

久子さまは、ジャパンブルーのパンツスーツがとてもお似合いで、時折スマートフォンでピッチ上の選手たちを撮影。試合中は終始、日本代表を熱心に応援されていた。皇族として、102年ぶりにロシアを訪れたということで、久子さまのことはこちらでも大きく取り上げられていた。

久子さまは、日本代表がワールドカップ初出場となった、1998年のフランス大会から、すべての大会を現地で観戦されている。高円宮殿下が薨去《こうきょ》されてからは、そのお志を継いで、「日本サッカー協会の名誉総裁」就任をご受諾になられた。

高円宮殿下がスポーツ中の心室細動が要因で亡くなられたこともあり、日本心臓財団と日本AED財団の名誉総裁にも就任され、AEDの普及にも尽力されている。

久子さまは、私がドクターであることをご存じで、AEDについて2、3質問をされたことがある。その

1次リーグ・コロンビア－日本。FIFAに招かれ、JFAの名誉総裁を務める高円宮妃久子さま、JFAの田嶋会長とともに観戦に臨む元日本代表の三浦選手＝ロシア・サランスク（写真／時事）

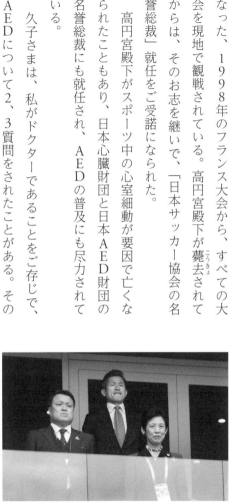

とき、私からはこんな話をさせていただいた。

「女子の大会では、AEDが設置されていない会場での試合もまだあるようです。妃殿下が啓発活動をされることで、AEDに対する世の中の認識も高まり、それはサッカー界にとって、とても良いことだと思います」


コロンビア戦の翌々日の6月21日。

久子さまは、日本代表のベースキャンプ地、カザンにも表敬訪問された。西野監督や代表メンバー、U19のメンバーにもお声を掛けられ、全員揃ったところで記念撮影も。この日は、可愛らしいサッカーボールのイヤリングをされていた。

このイヤリングは、久子さまのお気に入り

日本代表の合宿地を訪問され、選手らにお言葉を掛けられる高円宮妃久子さま
=ロシア・カザン(写真/時事)

らしく、以前、「ほら！」と微笑みながら、耳元の小さなボールを揺らして見せてくださったことがあった。とても気さくな方で、日本代表を意識した青いネイルアートをされているときもある。サッカーボール柄のセカンドバッグが話題になったこともある。

ご訪問の最後は、お持ちになった本格的な一眼レフで、熱心にトレーニング中の選手たちの写真を撮られていた。

エカテリンブルクの朝ラン

エカテリンブルク、朝5時。

遠征地でも治安に問題がなければ、朝ランニングをしている。ロシアでは大会中の警備に力を入れているせいか、サッカーファンが犯罪に巻き込まれたという話は聞かない。町に出ると、そこかしこに警察官や軍関係の人がいる。

ホテルの前には、町のメインストリートである「レーニン大通り」がある。片側3車線で、さらに路面電車が走る大きな道だ。中央には緑道があり、歩道は広く整備されている。街路樹がほどよく日陰をつくって、走るのには快適である。

右手、西の方角を見ると、第2戦が行われるスタジアムが、そう遠くないところに見える。仮設スタンドを外に突き出した変わった形で、大会が始まる前から話題になっていた。左手、東方向は町の中心部に続いている。そちらに向かって走ることにした。

エカテリンブルクという町の名前は、初代ロシア皇帝ピョートルⅠ世の妻、エカテリーナⅠ世に由来する。ロシア第4の都市で人口は145万人。ロシア連邦の初代大統領、ボリス・エリツィンの故郷としても知られ、町には立派な記念館も建てられている。

少し走ると、大きな川にさしかかる。町の中心を南北に走る、イセチ（イゼット）川だ。遠く西シベリアからウラル山脈を通って、ここまで来ている。川といっても、通りがせき止める形で、大きなダム湖になっている。冬には完全に凍結して氷の上を歩けるそうだ。今は、短い初夏を楽しむ市民の憩いの場になっている。

川を渡り切ると、「セヴェスチアノフの家」というゴシック様式の大邸宅が現れる。19世紀後半に建てられたエカテリンブルクで最も美しい家の一つといわれる。白、薄緑、テラコッタで装飾されたカラフルなお屋敷だ。

イセチ川を北に折れたところで、右手前方には、小高い丘に建つ白い教会が見える。金色のドーム型屋根が空を背景にキラキラと輝いている。「血の上の救世主教会」という。ロマノフ朝最後の皇帝ニコライ2世と妻、その5人の子どもたちが、革命軍により銃殺された場所だという。この町はさまざまな歴史とともにある。

見晴らしの良い川辺の公園には、選手たちも試合当日の午前中に散歩に来ていた。川には魚がたくさんいるらしい。イセチとは、シベリア中央部に住む少数民族ケット人の言葉で「魚」を意味するという。文字どおり「魚の川」ということになる。

ホテルに戻ると、大きなマトリョーシカが玄関で出迎えてくれた。日本風に着色が施されている。どこのホテルも、ちょっとした気遣いがある。

スタジアムの幻想

グループリーグ第2戦・セネガル戦との試合会場であ

ホテルで日本代表チームを出迎えたマトリョーシカ

るエカテリンブルク・アリーナは、町の中心部の西方にある。ホテルからそう遠くないものの、バスだと交通規制でなかなかたどり着けない。町を大きくぐるりと回って駐車場に入る。

これは、どこの会場でも同じで、サポーターはさらに離れたところから、延々歩いてスタジアム入りすると聞く。

収容人数は約3万3000人。ワールドカップ開催のために、仮設スタンドが両ゴール裏に設置されている。それが、もとからある建物の中におさまらなかったので話題をさらった。

鉄骨むき出しの構造も面白いが、美しいファサードが目に留まった。

このスタジアム（旧エカテリンブルク・セントラルスタジアム）は、100年以上の歴史を持ち、古い外装や建物の一部を今も残しているという。ファサード中央にある6本の列柱と、その上に並ぶ、労働者やスポーツマンといった社会主義的な彫像が独特である。スターリン様式の新古典主義建築と呼ばれるそうだ。

荘厳で記念碑的な門構えのバックには、外装スクリーンが広がり、日が落ちる頃にはLEDによる光の演出がなされる。私は、なにか時空のゆがみに入り込んでしまったような錯覚を覚えた。

客席からは、早くもセネガルサポーターのリズミカルな太鼓の音が聞こえる。ビビッドな国旗の色を肌にまとったダンサーたちが、現地の人々の注目を浴びている。すでに戦いは始まっているのだ。

ジャパンブルーのサポーターも徐々に集まり始めた。

大会期間中のテレビ事情

夕食や夕食後のケアの時間は、ちょうど試合時間とかぶっている。

選手たちは、当然のようにワールドカップ中継を見たがる。テクニカルスタッフが食堂に用意した大きなモニターを前に、点が入れば、「おおっ!」と歓声が上がる。

カザンのリラクゼーションルームにも大型モニターがあった。強豪国の試合は大人気だ。対戦する可能性もあるのだ。海外組の場合、クラブのチームメイトが出ていることも多い。ワールドカップの主役たちも、ワールドカップを見るのである。

ケアの時間は、基本スマートフォンの使用は禁止している。これは、施術するアスレティックトレーナーへの礼儀である。通常はBGMにクラシックや環境音楽などをかけている。ただし、試合のある夜は別。メディカルチームも、そのあたりは了承している。

キックオフが19時、21時となると、試合を見終わってからのケアでは、後のメディカルミーティングも遅くなってしまう。ならば、「施術しながら見せてしまおう」ということになった。壁に設置されたモニターに頭を向けて、4台のマッサージベッドがフル稼働する。ときおりトップ選手の戦術解説も付く。

前日練習後のロッカールームでも、今まさに行われているLIVE中継を、選手たちは食い入るように見つめる。シャワーも浴びず、ソックスを半分脱いだままで見入っている選手もいる。韓国対ドイツ戦などは、大いに盛り上がったらしい。

おそらく、他国の選手たちもそう変わらないであろう。

サッカー選手は、サッカーに夢中なのだ。

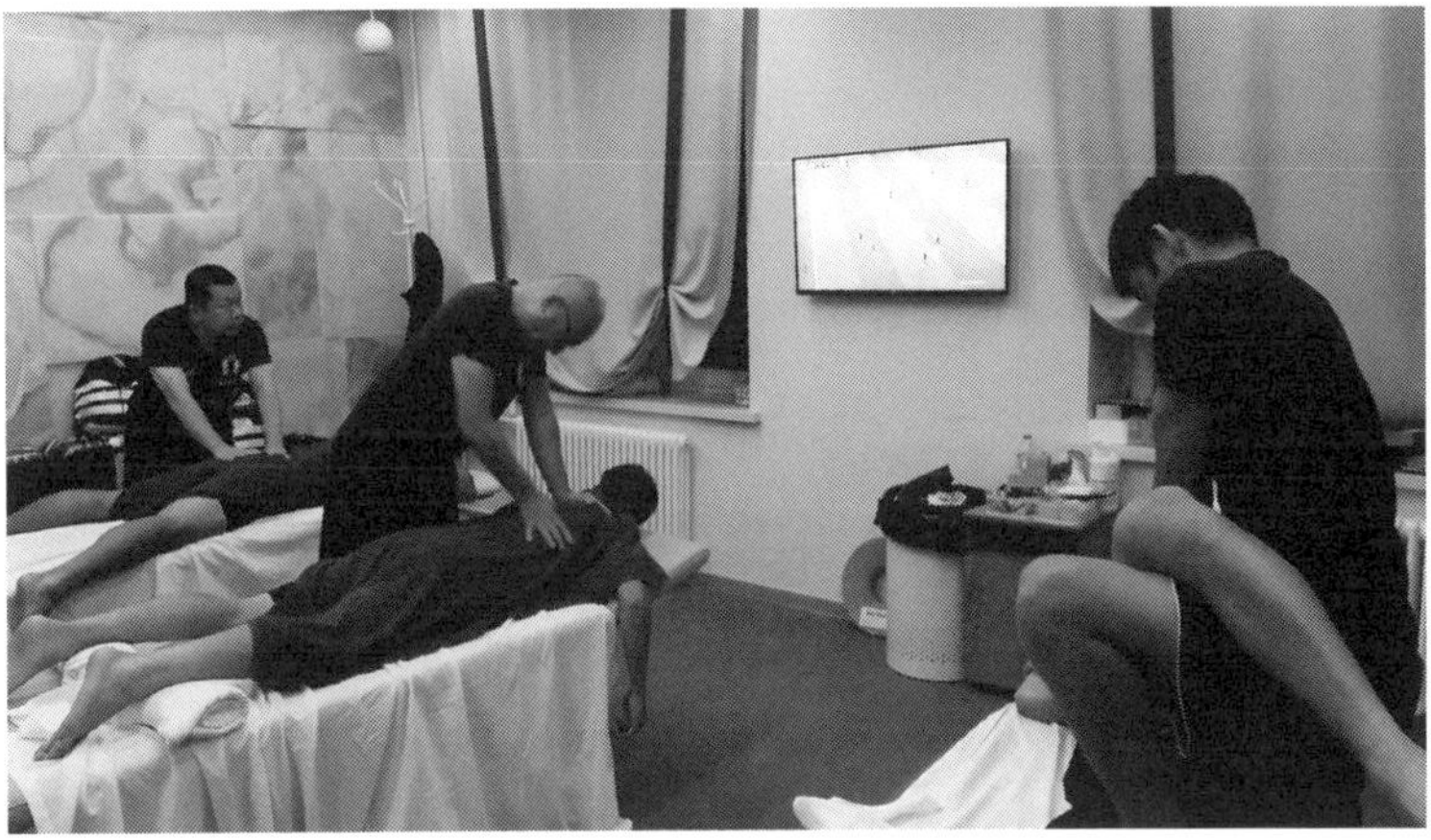

他グループの試合が気になるメディカルルームの様子

column モチベーションビデオについて――ＪＦＡテクニカルスタッフ・寺門大輔

欧州や南米のクラブチームでは、大事な試合の前に、戦闘的な映画やさまざまに編集された映像を観ることがある。「モチベーションビデオ」と呼ばれるものだが、その名のとおり、選手、スタッフ、すべての関係者の気持ちを試合に向けて高揚させ、自信を携えて本番に挑むためのツールである。

ロシアワールドカップ日本代表では、グループリーグ初戦のコロンビア戦と、第3戦のポーランド戦に向けて、選手とスタッフがチーム宿舎を出発する前に、モチベーションビデオを上映した。

制作にあたっては、私が映像と音楽を前もって編集し、そこに手倉森誠コーチがメッセージとなるテキストを落とし込んだ。

タイトルは、私のほうであらかじめ漢字二文字で決めておいた。初戦は「出陣」、グループリーグ最終戦は「突破」である。「出陣」に関しては、日本を発つ前にある程度イメージを持っていたが、「突破」は現地で一から編集した。

ここでは、「突破」についての制作過程を紹介したい。映像は、初戦コロンビア戦が終わった直後のアナウンサーの声でスタートさせた。

「試合終了！　日本、ワールドカップ初戦勝ちました！

4年前の雪辱、そのコロンビアを破りました！

私たちの日本代表が、新たな歴史をつくりました！」

ここで1曲目の「龍馬伝」がスタート。坂本龍馬の生涯を描いたNHK大河ドラマの主題曲である。抱き合う選手、監督、スタッフ。全身で喜びを表現する、スタンドのサポーター。リサ・ジェラルドのヴォーカリゼーションに、遠い日本でのパブリックビューイングと、渋谷スクランブル交差点の熱狂を重ねた。

2曲目に持ってきた「Fight the night」は、人気ロックバンドONE OK ROCKのヒット曲で、映画「永遠の0」のMADムービーでも話題になっていた。「恐れが消え去るまで戦い続ける」という歌詞から受けるイメージが、選手たちにぴったりだと感じた。静かなイントロとともに、過去2試合のゴールや、練習時の映像などを織り込む。そこに手倉森コーチが散文詩的に言葉を被せた。

我々の夢は国民の夢
国民の夢は我々の夢
走り続ける　戦い続ける　挑み続ける
勇気　感動　勝利へのゴール
予選突破の勝利が
国をさらに動かす　熱くする
我々の魂をひとつにして
突破　突破

ここに挙げた詩はほんの一部だが、メッセージテキストは、手倉森コーチが出来上がった映像を見ながら、即興で入れ込んでいく。

リオ五輪の際にも、手倉森監督のリクエストのもと、未来を決定づけるような大切な試合の前には、必ずモチベーションビデオを制作してきた。五輪監督時代から、手倉森コーチは「選手の心を揺さぶるようなメッセージ」を常に投げかけてきた。

私のほうは、ヴェルディ在籍時代に、監督からモチベーションビデオ制作をリクエストされたのが最初であった。選手のメンタルをとても重要視するブラジル人監督で、自分も多くのことを学んできた。それと同時に、お付き合いのあるテレビ局の方々に、観る側に響く映像や音声の編集方法をいろいろ教えていただいた。

ただ、私の本業は「分析」なので、ふだんは戦術ミーティング用にテクニカルビデオを制作している。テクニカルビデオとモチベーションビデオ、内容は異なるけれど、この2つの映像の先にあるのは選手の感情であり、根底にあるものはよく似ている。

伝える作業は、伝わってはじめて完結する仕事だと考える。

同じ内容でも、そのタイミングや方法を、チームの状況や本人たちのコンディションによって変える必要があるのだ。10言いたくても、3で終わらせることが、選手にとって最も効果が高い場合もある。

相手は自らの才能を磨き上げてきたプロサッカー選手であり、ペンでサッカーを学んできたわけではない。ピッチ上で戦い勝ち取ってきた選手たちなのだ。なによりも先に彼らの感情を察し、読み取る必要がある。

選手の感情に配慮するという意味では、分析結果を伝えることと、モチベーションビデオでファンの期待や勝利への思いを伝えることは、とてもよく似ているのだ。

column 「坂本龍馬」とサムライブルー

モチベーションビデオのBGMに「龍馬伝」を選んだのには理由があった。

カザンのベースキャンプに入った6月13日は、本田圭祐選手の誕生日だった。そこで、夕食の後に、選手・スタッフ全員でお祝いをすることになった。

そのとき、本田選手はこんな話をしてくれた。

「今日で32歳になった。坂本龍馬は31歳で亡くなっている。自分と同じくらいの歳でもう亡くなっている。日本を良くしよう、日本の未来をつくっていこう、そういう志を持った人たちが、早くに亡くなっている。

明日生きられるかわからない世の中で生きてきた人たちが、明日をつくってきた。自分もこれまでワールドカップに向けて、もう明日がないというつもりで、一日一日を全力でやってきた。ここに賭けてきた」

その翌々日のミーティングでのことだ。

今度は西野監督が、「自分も坂本龍馬が好きだ」ときり出した。

「毎年、京都へ坂本龍馬の墓参りに行っている。そのくらい龍馬に惹かれている。日本を変えていく。そういう志を持った、自分もそんな気概に感銘を受けて、欠かさず墓参りをしている」


2人の話を聞いて、偶然ではない縁を感じながら、「突破」で使用する曲は決まった。

「出陣」「突破」の2つのモチベーションビデオは、全スタッフが観ることになった。ロッカールームの準備のためにスタジアムに先乗りするスタッフにも、多忙を極めるなかで時間をつくっていただいた。

ただ、私だけは次の対戦相手の試合を視察・スカウティングするためにベースキャンプを離れなければならなかった。みんなの反応がとても気になったが、「彼らなら必ずやってくれる」という強い気持ちで視察会場へと向かったのだった。

母なるヴォルガ川と「羽虫のゆくえ」

ヴォルガ川は、「ロシアの母なる川」と呼ばれる。

ロシア連邦西部を流れるヨーロッパ州最長の川だ。ヴォルゴグラードの町は、そのヴォルガ川西岸に南北80キロメートルにわたって広がっている。

人口は101万人。かつての「スターリングラード」で、第二次大戦の激戦地として知られる。スタジアムにほど近いママエフの丘には、全長85メートルの「母なる祖国像」をはじめとする、たくさんの戦争モニュメントがある。ここで、グループリーグ第3戦目のポーランド戦が行われた。

ヴォルゴグラードというと「蚊」で有名だ。気温が高く産卵に都合の良い水場が広がっている。そのため、町にはたくさんの防虫スプレーや虫除けグッズが売られている。子ども用のかわいい蚊除け腕輪やリボンまである。

そしてもう一つ、毎年6月をピークに大量発生する「羽虫」も有名だ。

ヴォルゴグラード・アリーナで行われた「チュニジア対イングランド」戦では、飛び交う大量の羽虫に、両軍の選手たちが苦戦していた。ユスリカの一種らしいが、口を開けているとふつうに入ってしまう。ユニフォームや髪の毛、芝の上にも綿埃のように積もっていた。

「これは嫌だな……」と思った私は、さっそく準備に入った。

防虫スプレーはもちろんのこと、日本から持ってきた防虫シーツも荷物に入れた。メディカルルームの入り口にカーテンのように吊るすのである。ケア用のベッドに敷いてもいいし、タオルケットのようにかけてもいい。

足のケアや診察中は、どうしても肌を露出することになる。ふつうに虫に刺される可能性も高いので、多めに持って行くことにした。軍で使用するために開発されたものらしい。


試合開始時刻と同じ午後5時。前日練習は、気温30℃を超えていた。

ところが、羽虫の姿がまったくない。あれだけ勇んで防虫対策をしたのだが、なぜか一匹も見当たらないのである。私はとても拍子抜けした。

聞けば、「試合会場の半径15キロメートルを中心に、バニラから抽出した防虫液が散布された」とのことだった。それ自体はあまり効き目がなく、今度は「へ

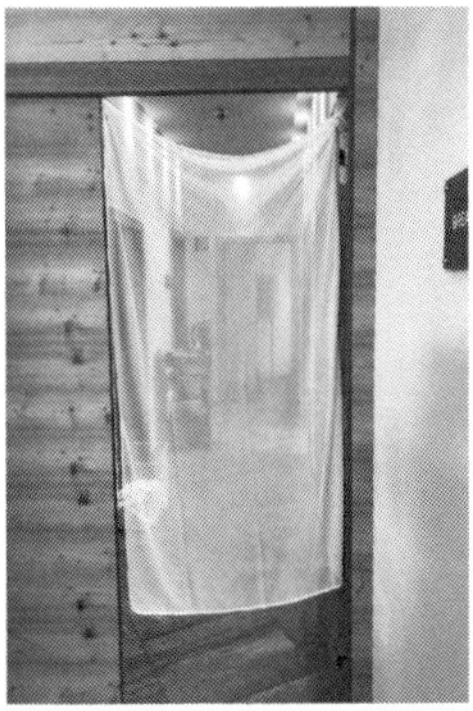
メディカルルーム出入り口にかけられた防虫シーツ

リコプターで会場近くの湿地帯やスタジアム内に殺虫剤を撒《ま》いた」らしい。体に影響のない柑橘系の「何か」という話だが、ここまでいないと少し恐ろしくなる。

試合当日も、ついに羽虫は現れなかった。いったいどこへ行ったのだろうか。

ブーイングの余波とカラオケ

6月28日、ポーランド戦。

グループリーグ第1戦、第2戦から、先発を6人入れ替えた日本代表は、1点差で負けている終盤にボールを回し始めた。客席からは怒号のような大ブーイングが起こった。そして、10分。チームはグループリーグを突破した。

ピッチ上の選手はもちろんのこと、ベンチやテクニカルシート、控えの選手たちも、思いのほか冷静だった。私はその様子を見て、チーム全員が「大人の戦い」をやってのけたのだ、と思った。もちろん理想的な勝ち上がり方はあるだろうが、それを言い始めたらきりがない。

ドーピング検査に行く途中、1人の選手がこう言った。

「やっと、ほかの世界の国と本気で戦える」

グループリーグにはかけ引きがあって、対戦相手によっては本気を出してこない。選手もそのことをわかっている。そういうなかで「どう勝ち抜くか」が、このラウンドでの醍醐味なのだ。

「次は本気の一発勝負になる」

自分たちがどれくらい世界トップの代表チームに通用するのか。あるいは通用しないのか。それを楽しみたい、味わいたい。私はそう理解した。

カザンに戻る飛行機の中で、突然カラオケが始まった。後ろのほうで音楽をかけながら、それに合わせて、数人が大きな声で歌っているのだ。今までに一度もなかったことである。誰も止めなかった。そして、ずっと歌い続けていた。

多少、心にモヤモヤするものがあったのかも

1次リーグ・日本－ポーランド。試合後、歓声に応える長友選手ら日本代表＝ロシア・ボルゴグラード（写真／時事）

しれない。それでも、選手たちは素直に予選突破を喜んでいたと私は思っている。

「円陣」7・3ロストフの日

円陣を組む。スタッフも全員集合。

このとき、監督の姿はない。練習後の円陣には西野監督は入らないのだ。最初にちらっと見にくることはあっても、その後は、たいていバックヤードにこもる。たぶん一人で考えをめぐらせるのであろう。ハリルホジッチ監督はよく本を読んでいた。彼もまた一人だった。どうやら「監督」とはそういうものらしい。

決勝トーナメントベスト16・ベルギー戦を控えた7月3日、夕刻。

日本代表の決勝トーナメント進出が決まり、JR渋谷駅前のスクランブル交差点付近で喜ぶサポーター＝東京都渋谷区（写真／時事）

この日は、一段と大きな円陣になった。ピッチ上に、総勢41人。着ているものは、ユニフォーム、トレーニングウェア、スーツと、それぞれに違う。それでも、私たちの気持ちは一つである。本番直前のドレッシングルームで、いま一度、円陣を組む。

そして、選手たちをハイタッチで送り出すのである。

チームドクターとアスレティックトレーナーの2人は、ベンチに向かう。

もう1人のアスレティックトレーナーは、メディカル・ビデオ・アナライシスのブースへ登っていく。私と2人のアスレティックトレーナーは、ベンチ裏にあるテクニカルシートに急

決勝トーナメント1回戦・日本ーベルギー。円陣を組む日本代表＝ロシア・ロストフナドヌー（写真／時事）

ぐ。国歌斉唱が始まる。

「ベルギー戦」そのとき

選手たちは、延長になるとベンチには戻らない。笛が鳴れば、私たちは水などを持ってピッチ上へ走る。そのときに備えて用意が始まる。飲み物、濡れたタオル、乾いたタオル、ほかにもある。ベンチ以外のメディカルチームは、ドレッシングルームから荷物を運び出す手伝いをする。ちょうどピッチへのエントリーのところで、後半ラストプレー（であろう）コーナーキックにさしかかった。私は荷物を下に置いて立ったままで見た。

スコアは2対2。すでにアディショナルタイムに入っている。

私はサッカーをやらないので、ピッチレベルの目線では選手の動きがよくわからない。入ったら凄いな、と思っていたコーナーキックが入らず。そこで鳴るはずの終了の笛が鳴らず。そのままプレーが続行し、ふわっとボールが飛ぶ。ベルギーの選手が走っていて、それに日本の選手が追いついていないのがわかった。それでも、「こういうのはけっこう外す場合が多いから、たとえベルギーだとしても」と、漠然と思っていた。

え……。

しばし茫然となる。

なんの根拠もないが、負けるときの私の鼓動は速くなる。何か不穏なものを感じ取るのかもしれない。逆に勝てるときは淡々と見ている。あのときはきわめて淡々としていた。あまりにもふつうに「延長戦に入る」と思っていた。

現実なのか、夢なのか。

終了の笛が鳴ると同時にベンチに向かい、ひたすら荷物を片付けた。

水やスポーツドリンク。メディカルのケースには、薬やテーピング、ハサミなどが入ってい

決勝トーナメント1回戦・日本ーベルギー。後半、シャドリ選手（背番号22）に決勝ゴールを決められ、倒れ込む川島選手と昌子選手＝ロシア・ロストフナドヌー（写真／時事）

る。彼ら・も・また、日本代表の一員としてともに戦ってきた。黙々とそれらを運び出す。握手する選手もいるし、うつむいて泣いている選手もいる。

「おつかれさまでした」

場内の声にかき消された。


夜試合だったこの日は、ロストフで1泊した。

ホテルの食堂では、みんな試合とは別のことをしゃべっている。メディカルチームは、ケアと片付けのためにすぐに席を立った。後のことはわからない。

翌日は、すっきりとした顔でホテルを後にした。引きずっている選手は見られない。

キャンプ地カザンに戻ると、今日も現地スタッフが温かく笑顔で出迎えてくれた。

もうすぐロシアともお別れである。

「年の暮れ」NHKスペシャル

年末は家族それぞれに忙しく、誰かしら欠けているのが、通年の田嶋家だ。

ところが、その日は奇跡的に4人揃っていた。夕食も終わり、居間のソファでのんびりしていると、男3人が「見よう見よう」と言い出し、テレビをつけた。

「ロストフの14秒」というNHKのドキュメンタリー番組である。

私は見たくなかったのだが、押し切られるかたちになった。半年前のロシアでのあの場面は、今も思い出すと苦しくなる。悔しくて切なくて、なんとはなしに話題を避けてきたのだ。

ベスト8をかけて優勝候補と称されるベルギーと戦った日本代表。

終了間際のコーナーキックから高速カウンターを受けて、ゴールを割られた。あれが「14秒間」だったことは後で知った。当事者たちによる詳細な解説。長谷部、吉田、酒井、長友、原口。そして、ベルギーの選手たちのひとことひとことが、胸に突き刺さる。

長谷部選手が「気の緩み。少し余裕を持ってしまった。流れを変えたプレーの一つ――」と言えば、そのプレーを見て嫌な感じがしたという原口選手は「これはちょっと怖いなと思ったのは覚えている」と、順調そうだった試合の流れを変えたと見られている長谷部選手のプレーを振り返った。

コーナーキック後のベルギーのカウンターに対峙した長友選手がベルギーの選手に対し「技術、能力、判断力……恐怖を覚えた」と言えば、吉田選手は「ワンテンポ。本当に1秒もないワンテンポ……下を向いた瞬間――」と、イエローカードをもらってでもGKのクルトワ選手のMFデブルイネ選手へのパスを止められていたらと悔やんだ。

一方で、ベルギーのクルトワ選手は「私たちは対戦相手のセットプレーを全部見ている。日本の動きはまさに予想どおり」と言い、ドリブルで日本を襲ったデブルイネ選手は「身体能力には自信がある。それでも全力で走った。相手を引きつけようとしていた……山口が取りに来たとき、パスを出そうと思っていた」、FWのルカク選手は「ボールが来たら最初からスルーしようと思っていた――」と駆け引きをしゴールを目指していたことを明かした。

「そうだった、確かにそうだった」と、テレビの前でうなずく。

結果から言えば、見てよかったと思っている。腑に落ちたというか、なにか解放されたような気がしたのだ。

極限状態のなかで、選手たちは各々考えていたのである。そして、最終的にはベルギー側の描いたとおりに試合は動いてしまった。私が考えていたレベルの話ではなくて、もっと高いレベルのやりとりがピッチ上にあって、あったうえでの負けだったのだと。

「あの場面では、やはりベルギーが一枚上手だった」そう自分のなかで納得ができた。

私はサッカー経験者でもないし、戦術がどうだ、あそこで誰がどうだったなど、評論できる立場にない。ベスト8が本当に近かったのか、今も遠いものなのかも、正直わからない。でも、あのとき、私も彼らのそばに立っていて、鼓動や息づかいを感じたのだ。

「きちんと自分を見つめないとダメだ」

私が選手にいつも言っている言葉だ。

そんな自分自身が、このときまで現実から目を逸らしていた。番組に出演した選手たちも、収録のその日まで、あの日の録画を一度も見ていなかったという。かつての恩師や世界的な名監督の戦評を当事者たちはどう受け取ったのだろうか。キャプテンだった長谷部選手は「やり切った」と言っていた。

私自身は、サッカー選手の凄さを再認識させられた、そんな50分間だった。

column 「言葉と感覚」のとらえ方と課題

――日本代表チーフ・アスレティックトレーナー・前田　弘

アスレティックトレーナーは、選手たちのコンディションの維持とケア、ケガの予防が主な仕事になる。私自身は予選も含めて、南アフリカ、ブラジル、ロシアと、ワールドカップ３大会、６人の監督と仕事をしてきた。

そのなかで、多くのことを学ばせてもらう機会を得たと同時に、今後の課題ともいうべき問題点にも気づかされた。

メディカルチームは、「主観的評価」と「客観的数値」を通して、選手のコンディションを把握する。それらを参考にして、フィジカルコーチと監督はトレーニングメニューを調整するわけだが、ここにとらえ方のズレが生じるケースがある。特に、外国人監督やコーチとの仕事では、受け手に内容がうまく伝わらないことがある。逆もまたしかりだ。

それは、直接話すことができないという言語的な問題もあるが、慣習や資質といった根源的な違いも関係してくる。

たとえば、トレーニングの取り組み方には国民性が出る。

日本人選手の多くは、「10本ダッシュしろ」と言われたら、間違いなく10本100％の力でダッシュする。手を抜く選手はいない。良い・悪いという話ではなく、これが多くの日本人の慣習なのである。

そこを、「どの選手もたいてい7割の力でやっている」という見方で、それを補うように負荷をかけてしまうと、オーバートレーニングになってしまう。当然、ケガのリスクも増えるし、再受傷の危険性も出てくる。

痛みや疲労の感じ方にも違いがある。客観的データによる数値が同じであっても、主観的評価には個人差がある。3～4の痛みと伝えても、7～8ととらえられるケースもある。額面通りに伝えると、感覚的なズレが生じるのだ。

こちらが「休ませたほうがいい」と考えても、監督が「必要ない」ととらえることもある。

2010年の南アフリカ大会のときは、ケガ人がゼロだった。選手たちのコンディションは良く、結果にも結びついた。一方、ザッケローニ監督のブラジル大会では、高いコンディションを維持する目的でハードワークを課した。その結果、本大会に入ったときに、肝心のコンディションを崩す選手が出てしまった。

その経験から、ロシア大会に向けては、過去のワールドカップの成果と問題点を考慮して、綿密にコンディショニング計画を立てた。ところが、実際にはメディカル側の出したデータやアドバイスが、現場に反映されないことも少なくなかった。

西野監督は、選手のコンディションを細かく確認しながら回復に重点を置き、練習量を調整するようになった。監督は私たちに全幅の信頼を置いて、耳を傾けてくれた。

試合結果との関連性をそれだけで判断するわけにはいかないが、コンディショニングが長期の大会において大きな役割を担っていることは事実である。それゆえに、現場が共通認識を持つことが何よりも重要だと考える。

column 感謝と「RESPECT」とスパシーバ

これから話すのは、ある代表選手のことである。彼はムードメーカーで、ちょっと見軽い印象を持たれることもあるのだが、大会中のロッカールームの片付けも、掃除も、実は彼が率先してやっていることを前から知っていた。

それだけではない。宿泊ホテルのベッドや部屋も、毎日練習に出る前にきれいにしていく。そして、掃除をしてくれる人たちのために、「ありがとう」というメッセージカードを必ず置いていくのだ。日本でも海外でもやっているらしい。彼はサッカー選手としてはもちろんのこと、人としても一流だと私は思っている。


ロシア大会のときに、日本代表のロッカールームが話題になったことがあった。

「きちっと片付けられた部屋に、ロシア語で『スパシーバ（ありがとう）』と書かれたメッセージまで置かれていた」と、FIFAのジェネラルコーディネーターのSNSで、画像とともに世界中に発信されたのだ。

メッセージカードはメディカルチームが中心になって、日本代表のスタッフが置いていた。というのも、前述の選手にケアをしながら話を聞いていたからだ。

「私たちも見習って何かしなければ」

そう考え、テーピングの箱の裏に「スパシーバ」と書いて、折鶴といっしょに毎試合置いていたのである。メディカルチームは片付けるものが多く、ロッカールームを最後に出ることになる。それで部屋を出る前に、大会の運営スタッフやボランティアに対して、感謝の気持ちを残そうと考えたのである。

代表がオフシーズンに入ると、ちびっこサッカー選手たちを前に講演をすることがある。私自身の楽しみでもあるのだが、必ず言って聞かせることがある。

「人に感謝しなさい」

日本代表に選ばれる23人中23人が、私たちも含めて、代表を周囲で支える人たちに対して、感謝の気持ちを表してくれる。もちろん、感謝を持って勝てる世界ではないことは十分にわかっている。それでも、日本人としてそれが当たり前に定着してきたからこそ、日本サッカーも強くなってきたのではないかと考える。

「RESPECT」

いつの日か、日本代表が世界一になると、私は信じている。

ベースキャンプのスタッフたちとの記念写真

第6章
日本サッカーの未来

Doctor to
the SAMURAI BLUE
Japan National Football Team

Chapter 6

育成年代の自己管理

診察で若いアスリートと接する機会があるが、最近は、体調不良やケガでクリニックに来る選手が、自分の身体についてきちんと説明できないケースが見られるようになった。

「どのように苦しい？」

「いつから痛いの？」

私が選手にたずねても、付き添いのトレーナーの顔を見たり、保護者のほうが説明を始めてしまうこともある。しかし、症状を訴えているのは選手本人であって、それならば本人に答えさせなければいけない。

育成年代において、周囲の大人たちや親のサポートはとても大事だ。それでも、なんでも手や口を出してしまうと、自立の妨げにつながることがある。

日頃、トップアスリートと仕事をしていて思うことだが、どの競技にしてもトップに上がってくる選手は、たいていの場合、アカデミーの頃から精神的に自立している。

自己管理という面でも、早い段階でケガや不調を見つけられるよう、常に自分の身体と向き合っている。たとえば、起こしやすいケガがあるとすれば、その前兆となる痛みや違和感を見逃さないよう気をつけている。

また、ふだんの生活においても、いま自分は元気なのかどうか。簡単なところでは、「よく眠れているか」「三食ちゃんと食べているか」といった自己チェックを習慣づけている。親、指導者が目を配るのはもちろんだが、「本人の自覚」がなによりも大事なのである。

育成年代には、精神的なケアも必要だ。特にアカデミーの生徒は、まだ人間として成長しなければならない時期に、競技スポーツの世界に入ることになる。精神的なプレッシャーに耐えられない子どももいる。大人たちは、子どもたちの「小さなSOS」を見逃さないようにしなくてはならない。ここそは、大人たちが責任をもってサポートすべきところだろう。

「骨年齢」とトレーニング計画

日本サッカー協会（JFA）が主催するJFAアカデミーでは、保護者の同意のうえ、選手たちの骨年齢の測定をしている。

骨年齢とは、骨の成熟程度を表したもので、一般にいう年齢（暦年齢）とは違って、「身体の成長度をより正確に表す指標」である。

骨年齢を割り出す方法はいくつかあるが、基本的にX線写真で左手の撮影を行い、手を構成するいくつかの骨の形状から割り出す。骨の成熟は、ある程度規則正しいタイミングと順序で起こるからだ。


JFAアカデミーが骨年齢を測定する理由の一つは、「生物学的な成長に合わせた子どもの能力評価」と「トレーニング計画」を立てるためである。

たとえば、12歳の子どもたちを見たときに、すでに大人のような体格の子もいれば、低学年くらいの体格の子もいる。これは成長速度の違いで、早熟な子と晩熟な子では、生物学的な年齢は「4歳くらいの違い」が出る。当然早熟な子どものほうが、身体が大きかったり、技術的なことがうまかったりすることが多い。

一例だが、成熟度が10歳の子どもには、パワーや持久力を重視したトレーニングをやらせるよりも、技術的なことを習得させたほうがいい。

また、成熟度が14歳の子どもに12歳と同じトレーニングをさせても、十分な負荷がかからない場合がある。このように、骨年齢を知ることで、個々に見合ったトレーニングを計画することができる。

骨年齢の測定は、スポーツ障害の予測と予防にも役立てられている。スポーツ障害は、骨の成熟のある時期に起こりやすい。この時期にあたる子どもには、負荷のかかるトレーニングを減らす必要がある。

また、アカデミー生の選考にも、骨年齢は参考にされる。成熟度が10歳と14歳の受験生を同じ基準で評価することはできない。また、おおよその最終身長の予測ができるため、ポジションによっては、誤差を加味したうえで参考にすることもある。

骨年齢でわかる「年齢詐称」

これは、前述した選手育成のための検査ではなく、年齢別の国際大会における「年齢詐称」を防ぐために実施されるものだ。

MRIを使い、手首の橈骨《とうこつ》の成長線を見るもので、2003年から国際サッカー連盟（FIFA）とアジアサッカー連盟（AFC）が共同で研究を開始した。この結果を受けて、AFCでは、2008年からこの検査を大会規則の一つとして取り入れている。放射線診断専門医である私も、AFCの医学委員としてかかわっている。

年齢詐称には、「故意に年齢を誤魔化す場合」と、「戸籍制度が不十分な国に生まれたことにより、年齢が正しくない場合」とがある。いずれにしてもスポーツの公平性からみると重大な問題になる。

アフリカでも年齢詐称は問題となっており、アフリカサッカー連盟（CAF）もこの方法を取り入れるため研究を始めている。私も協力している。

「JFA夢フィールド」への期待

幕張新都心に誕生する、日本サッカーの新しい拠点、「JFA夢フィールド」。

2020年3月の供用開始を目標に、工事がスタートしている。12万3500㎡の敷地内には、天然芝ピッチ2面と人工芝ピッチ2面。フットサルアリーナやビーチサッカーの練習場も作られる予定である。

ＪＦＡは、「選手育成・代表強化・指導者養成の三位一体＋普及」を掲げている。「指導者、サッカー、フットサル、ビーチサッカーなどの「日本代表のトレーニング」や、審判員の養成」。メディカルやフィジカル、テクニカルの専門スタッフも、この場所で各カテゴリーのサポートに入る。さらに、「地域交流やサッカーに関する情報発信基地」としても期待されている。


私は、それとは別に、これまで日本代表とともに積み重ねてきた医学的サポートのノウハウや臨床データを蓄積する、より一貫したシステムをつくっていかなければならないと考えている。これは、メディカルとしての重要事項の一つだ。

これまで代表監督が代わることで、メディカルチームとして必要と判断し継続してきたことが途絶えてしまうことがあった。たとえば、「血液検査などは選手に痛みを伴うため、やりたくない」と監督から言われることもあった。ほかにも、必要性がないと言われれば、今後につながることでも省かれてしまうケースもある。

コンディショニング管理のノウハウも、代表チームの解散ごとに一からになる。あまり効率的とは言えない。

監督の方針や集まるメンバーによってカラーがあるのは当然だが、それとは別に、メディカルとしての基本部分は、「次の世代に継続していくシステム」が必要だと考える。


かつては、選手のコンディションを目で見て評価していた。

「今日は調子が良さそうだ」「表情が辛そうだ」など……。

それが今日、走行距離や心拍数、ボールの保持率、血液や唾液検査による疲労度の測定など、数値によっても可視化できるようになった。

ここで重要なのは、「表示された数値をただ並べて眺めているのではなく、いかに競技現場に落とし込み、パフォーマンス向上につなげていくか」ということである。

動きや表情などによって判断していた、つまりアナログな選手のコンディションを、数値というデジタルなコンディションに変換して評価し、それを再び選手自身にもわかるようにアナログなコンディションに落とし込んで説明や指導を行うわけだ。

現在のスポーツでは、ありとあらゆるデータが短時間でわかるようになった。コンディション一つをとっても、さまざまな数値であふれている。私たちはそれらを取捨選択し、かつ複合

日本サッカー協会が新設する「JFA夢フィールド」について記者会見する長谷部選手、田嶋会長、日本代表の森保監督＝東京都文京区（写真／時事）

的に使いこなす技量も必要になっている。データの共有と共同作業も不可欠だ。そして、的確な分析や解釈とともに、それを言語化する能力も問われることになる。

「JFA夢フィールド」という拠点ができることで、さまざまな世代の臨床データも、より集めやすくなると期待している。今はもう、そういうビッグデータをきちんと活用しなければいけない時代だ。医学だけでなく、他の分野もおそらくそうだろう。

日本はワールドカップに出場して、まだ6回を数えるだけだが、それでも、ここにきてようやく予算も体制も整ってきた。次の段階に進むときが来ていると私は展望している。

おわりに

「スポーツドクター、特に帯同ドクターとしてのいちばんの喜びはなんですか？」

そう聞かれることがあります。

出場を危ぶまれた選手が本番の試合で大活躍をしたとき、という返答を期待されているのかもしれません。日頃、一歩引いたところで選手全員を見ているつもりですが、そんな日がうれしいのはもちろんです。

でも、実はその瞬間ではなく、最もうれしいのは、「ケガや病気をしていた選手が、別メニューではなく、他のみんなと同じ練習に合流した瞬間」なのです。一人離れた場所で、ひたすら痛みと対峙しながら治療する姿を見ているので感慨無量。間に合ったね、よかったね、と声に出したい衝動にかられます。

「嬉しいのに涙が溢れるのは

君が歩んできた道のりを知っているから」

SEKAI NO OWARIの『サザンカ』の歌詞、そのままですね。もちろん、誰一人ケガや病気をしないこと、それがいちばんいいに決まっています。

1994年の夏。ちょうど29歳のときに、私はフランス政府給費留学生制度を利用して、オルセーの研究施設に留学しました。パリ郊外の小都市で、町を流れるイヴェット川周辺は緑にあふれ、そこに点在するいくつもの湖がとてもきれいだったのを覚えています。

オルセーは、理科系の大学や研究機関が多数集まる学園都市で、世界中の研究者が籍を置いています。私の留学先も、あのキュリー夫人の義理の息子である、ジャン・フレデリック・ジョリオ＝キュリー氏の名が冠された病院でした。そこで1年10カ月の間、最先端のＭＲＩに触れながら、今後のことを考えたものです。

日本で現場に出るチャンスをなかなかつかめないなかで、帰国後も、結婚、出産、専門医の資格取得と、あわただしく過ごしたこと。そのせいか、それほど後ろ向きになる余裕もなかったのは、今となっては幸運だったのかもしれません。

その後、女性アスリートが活躍し始めた時期と重なり、女性医師の必要性が生じて、その波にうまく乗れたのが、スポーツドクターとしてのキャリアの大きな転換期になったのだと考えます。

ロシアワールドカップでは、32カ国中、女性のチームドクターは私一人でした。

すでに、欧州のクラブチームや、北米、オセアニアでは、女性ドクターの活躍の場も増えています。日本ではパイオニア的な立場になっていますが、今後はますます女性のスポーツドクターも増えてくるだろうと考えます。

この本を出版するにあたり、多くの方のご理解とご協力を得ています。

何よりも、まずは選手たち。彼ら彼女らからは現場で本当に多くのことを学びました。これは私にとってかけがえのない財産であり、自信をもたらしてくれたのと同時に、次のステップにつながる自分の無力さにも気づかせてくれたものでした。

忙しい時間をさいて快く取材に応じてくださった、順天堂大学の池田浩先生、アスレティックトレーナーの前田弘先生、久保田武晴先生、JFAテクニカルスタッフの寺門大輔さん、そして、女性が入ったことで多くの気遣いを、さりげなくしてくれた男子代表チームの男性スタッフ、特にメディカルスタッフの方々に深く感謝いたします。

はじめに企画をたて声をかけてくださった、時事通信出版局の松尾馨さん、本書をまとめてくださったフリーライターのいとうやまねさん、ありがとうございます。

本当はこの話はお断りするつもりでした。男子チームに帯同した、女性スポーツドクターの取るに足らない話題性だけであれば。しかし、熱中症や脳震盪、ＡＥＤ、アンチ・ドーピングの話など、「ときに死の危険にさらされる選手を守るために、スポーツドクターが何をしているのか」一般の方々にも理解していただきたいことを多く取り上げてくださったので、お受けしました。

また、女性スポーツドクターとしての価値も「今」だからであり、これは近い将来には、当たり前すぎて話題性もなくなるであろう、と考えたからです（そうであってほしいと願っています）。書き残しておくこと、それが先輩女性スポーツドクターとしての責任であると、決意をしました。

そして最後に、いつも私を支え励ましてくれる家族にも、感謝の気持ちを伝えたいと思います。

二〇一九年（令和元年）七月

ＦＩＦＡワールドカップ２０１８ロシア　アジア予選
ＦＩＦＡワールドカップ２０１８ロシア
ＡＦＣアジアカップ２０１９ＵＡＥ
サッカー日本代表チームドクター　土肥美智子

ロシアワールドカップに帯同したメディカルチーム。左から、久保田武晴トレーナー、著者、池田浩医師、池内誠トレーナー、前田弘トレーナー、菊島良介トレーナー

【著者】

土肥美智子（どひ みちこ）

国立スポーツ科学センター スポーツメディカルセンター副主任研究員。医学博士。日本スポーツ協会公認スポーツドクター。
1991年、千葉大学医学部卒業。医師国家試験合格後からスポーツドクターを目指す。放射線診断学専門医として大学病院に勤務するかたわら、スポーツドクターとして主にサッカーの仕事に携わる。2006年より国立スポーツ科学センターに籍を置き、スポーツドクターに専念。トップアスリートの健康管理、臨床研究およびオリンピック、アジア大会、男女サッカーワールドカップ等に帯同。日本オリンピック委員会（JOC）医学サポート部会員、日本サッカー協会（JFA）「医学委員会」委員、アンチ・ドーピング部会長、アジアサッカー連盟（AFC）「医学委員会」副委員長、国際サッカー連盟（FIFA）「医学委員会」委員、国際オリンピック委員会（IOC）「スポーツと活動的社会委員会」委員ほか。

【構成】

いとうやまね

サッカーおよびフィギュアスケートのコラムニスト、サッカー専門TV、欧州実況中継、五輪番組のリサーチャー。コメンテーターとしてTVにも出演。Interbrand、Landor Associates他で、シニアデザイナーとしてCI、VI開発、マーケティングに携わる。後に、コピーライターに転向。著書に『フットボールde国歌大合唱!』『氷上秘話 フィギュアスケート楽曲・プログラムの知られざる世界』（東邦出版）、『プロフットボーラーの家族の肖像』（カンゼン）、『蹴りたい言葉』（コスミック出版）、沖山ナオミと共著で『トッティ王子のちょっぴしおバカな笑い話』『攻略gazzettaイタリア語でカルチョ情報をGetしよう!』（ベースボールマガジン社）、『植木理恵の人間関係がすっきりする心理学』『運命の心理テスト』（宝島社）他がある。

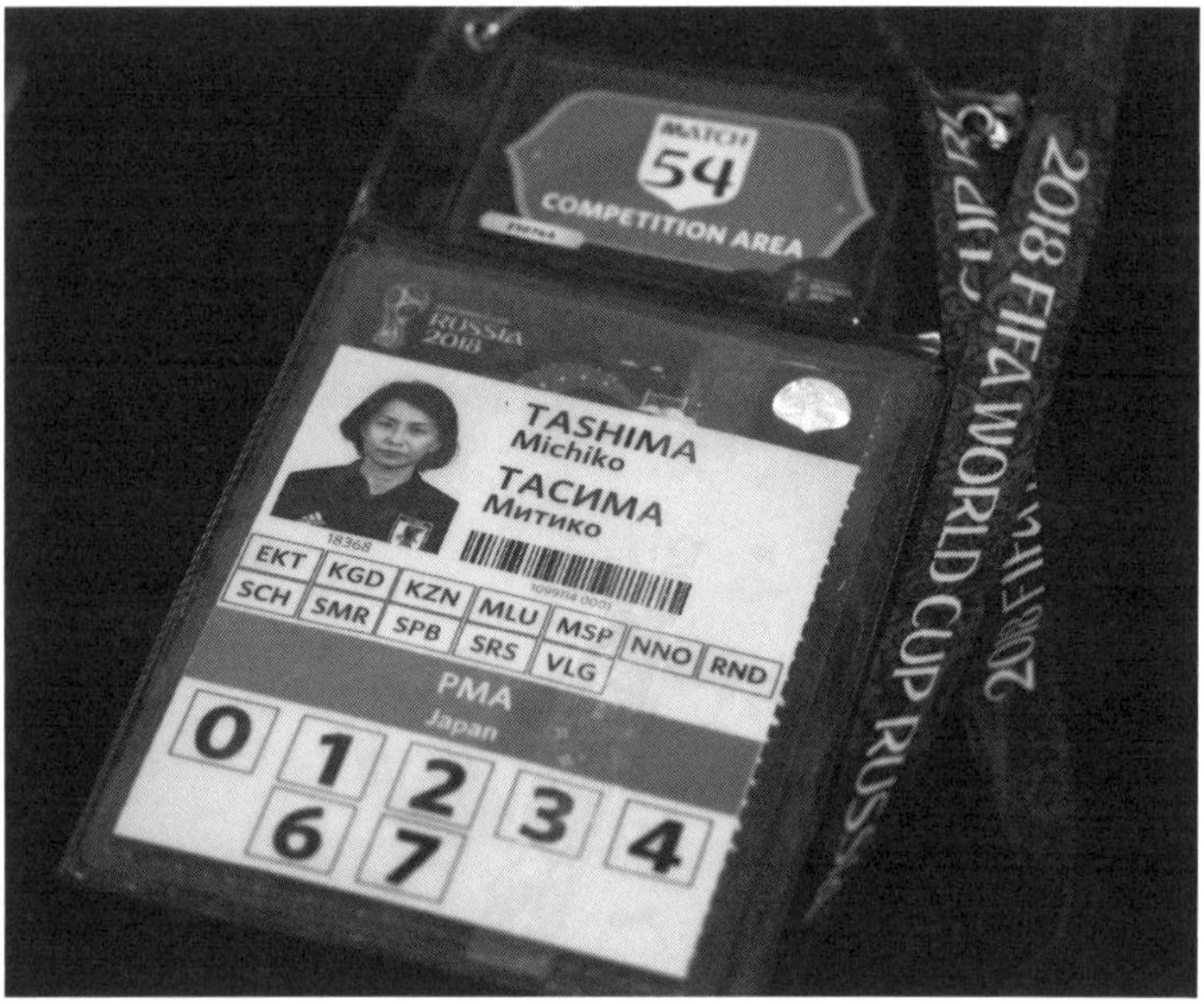
MATCH
54
COMPETITION AREA
RUSSIA 2018
TASHIMA
Michiko
ТАСИМА
Митико
18368
EKT KGD KZN
SCH SMR SPB MLU MSP SRS VLG NNO RND
PMA
Japan
0 1 2 3 4
6 7
2018 FIFA WORLD CUP RUS

サッカー日本《にほん》代表《だいひょう》帯同《たいどう》ドクター

2019年9月20日　初版発行

著　者	土肥 美智子
発行者	武部　隆
発行所	株式会社時事通信出版局
発　売	株式会社時事通信社 〒104-8178　東京都中央区銀座5-15-8 電話：03(5565)2155　http://bookpub.jiji.com

デザイン	松田　剛、伊藤 駿英(東京100ミリバールスタジオ)
写　真	篠田 英美(カバー、プロフィール、本文P.38, 94, 147、奥付)
印刷・製本	中央精版印刷株式会社

ISBN978-4-7887-1651-3 C0075 Printed in Japan

時事通信社の本

復刻新装版ランニング

金栗 四三(著)　増田 明美(解説)

NHK大河ドラマ「いだてん」の前半部分の主人公になった金栗四三。日本における「マラソンの父」と称され、ランナー、指導者として活躍しましたが、著書があることはあまり知られていません。

1916年(大正5年)、金栗が25歳の時に本書の原書『ランニング』(菊屋出版部)が刊行されました。本書は、金栗が執筆した長距離走の部分を「新装復刻版」として復刊したものです。また、長距離ランナーの視点から、女子マラソンの第一人者である増田明美さんに解説をお願いしました。

金栗は本書の中で、体格で西欧人に劣る日本人が、どうすれば国際大会で勝てるかを、練習法だけでなく、食事、日常生活にまで踏み込んで具体的に指導しています。

四六判／220頁／定価：本体1,500円＋税／ISBN 978-4-7887-1607-0